時短の一流、二流、三流

越川慎司

はじめに

いつもいつも忙しいですよね。

一日が24時間というのは、なんでこんなに短いのでしょう。

仕事をしていると、「もうこんな時間か」と驚くことが何度もあります。

プロジェクトの締め切り、資料チェック、チームとの連携、家庭とのバランス……。

こんな状況の中で「もっと効率的に仕事をこなせたら」と日々考える人は少なくないでしょう。

しかし、なんでも短く終えようとしても残業沼からは抜け出せません。

各企業で成果を出し続ける「一流社員」は、正しくあきらめて、時短すべきポイントを見極めていました。

私は、マイクロソフト役員を経て、現在は全メンバーが週休3日の会社を7年に渡り経営しています。

こうした会社を起業した理由は2つあります。

一つは、我々が働き方改革を支援する会社だからです。

800社を超えるクライアント企業に働き方を変える提案をするのに、自らが新たな働き方を推進しないと信頼されません。

もう一つは、私の原体験に基づくものです。

20代そして40代で働きすぎてうつ病になりました。

残業を気にせず思う存分に働くことで、多くの経験を積むことはできるかもしれません。

しかし、限界はあります。

その限界を超えてからでは遅いのです。仕事に復帰できない可能性もあります。

残業沼から抜け出すために、私は短い時間で多くの仕事をこなす時短術を身につけようとしました。時短術の書籍を48冊読み漁り、パソコンのショートカットキーボードを

100以上丸暗記しました。
しかし、一向に時短につながりませんでした。
いくら頑張っても残業沼から抜け出せませんでした。

そこで、短時間で成果を残している一流ビジネスパーソンの仕事の仕方を研究したいと考えました。

800社を超えるクライアント企業の合計17万人の中には、そうした「一流の時短」を実践して成果を出し続けている人がいました。

彼ら彼女らを調査すると、ショートカットキーボードを必死に覚えようとしておらず、業務の処理能力が圧倒的に高いわけではなかったのです。

我が社のメンバーは、各企業の一流に触発され、時短を試みています。
例えば、「Excel」を使った分析をやめてAIサービスを使うようにしました。インタビューの文字起こしもAIを使っています。
こうして時短の手段としてAIを活用することで、全メンバーが週休3日・週30時間以内の労働を7年以上続けることができています。

本書では、仕事であきらめるべきポイントを見極め、本当に時短すべきポイントを明らかにします。

一流が何をしているのか、その手法とは何か。

彼らを一流に押し上げる思考とは何なのか。

本書を手に取ったあなたが、その答えに少しでも近づけるように、事例を交えながら一流の時短術を解説していきます。

一緒に、一流の時短マスターを目指してみませんか?

越川慎司

時短の一流、二流、三流　もくじ

Chapter 2 書く・伝える時短

Chapter 3 管理・計画時短

Chapter 4 インプット時短

Chapter 5 関係構築時短

Chapter 6

巻き込み時短

Chapter 7 ツール時短

Chapter 8 時短思考

Chapter

1

仕事の進め方

月曜朝にやること

三流は、メール返信に追われ、二流は、フルパワーで仕事を始め、一流は、何をする？

休み明けは会社に向かう足取りが重くなりませんか？

私も以前は、日曜の夕方から気分が重くなっていました。

いわゆる「サザエさん症候群」です。


一週間のスタートは、時短を実践する上で極めて重要です。

月曜朝、デスクについてメールや通知の確認から始めると、沼にはまります。週末に溜まったメールや通知に一気に取り組むと、その日の大半をそれに費やしてしまいやすくなり、とても危険です。

また、月曜からフルパワーで仕事を始めようとすると、無理な量の仕事を抱え込むことがあります。これは疲れを溜めるだけでなく、一週間のペースが狂いやすくなります。

一流は、「影響力のある2つのタスク」をメモします。

週の初めに最も重要なタスクを書き出し、念頭に置くことで、その他のタスクへの力の入れ方が決まります。成果に影響しないタスクに、過度な労力を費やすことを避けることができるのです。

「やるべきこと」を決めるための基準は2つあります。

それは、「**影響力**」と「**緊急度**」です。

影響力の高いタスクは、長期的な成果や目標の達成に大きく関わってきます。

例えば、「将来の大型顧客に対する提案活動」や、「理想の管理職になるためのリーダーシップ研修への参加」などが、影響力の高いタスクです。

緊急度の高いタスクは、「本日中に提出すべき報告書」などのように、速い対応が求められるものです。

しかし、緊急ではないが影響力の高いタスクこそが〝成果と効率を共にアップすること〟

につながるため、**一流は緊急度よりも影響力を重視します。**

また、**一流は「やるべきこと」だけでなく、「やめるべきこと」を決める基準も明確です。**

成果に直結しない活動、他者がより効果的に行えるタスクは手放す覚悟を持っています。

例えば、週に1回の内省で時間を浪費する習慣や、目標達成に不必要な会議、情報収集を見つけ出し、翌週には思い切ってやめる実験をしていました。やめる実験で問題がなければ、そのままやめ続けていたのです。

影響力のある2つのタスクと、「やるべきこと」と「やめるべきこと」の基準を週の初めに書き出すという行動実験を7815人で2か月実施した結果、「労働時間の削減につながった」と回答した人が77%もいました。

興味深いことに、実験者の59%が、家事や育児などプライベートでの時短にもつながったと回答しました。

休み明けの時短は、仕事だけでなく私生活の充実にも直結するのです。

Quickening Strategy

一流は、「影響力のある2つのタスク」をまず書き出す

☑「やるべきこと」と「やめるべきこと」の基準を明確に持つ

仕事の初動

三流は、とりあえず始めて、
二流は、やることを決めて、
一流は、どう始める？

仕事の初動とは、「始めの一歩を踏み出すための方針」のことを指します。

作業内容をきちんと把握せず、具体的な戦略も持たずに作業を始めてしまうと、時間通りに終えることができません。気づかずに不要な工程を踏んだり、途中で作業をやり直すことになったりしてしまいます。

全体像を整理して「やることを決めてから始める」という人も多いですが、まだ一流とは言えません。予定を詰めすぎてしまい、想定外のことに対処できなくなってしまうこともあるからです。

例えば、経営会議に向けて入念に準備したものの、当日に発表時間を半分にするよう指示されて、重要なことを言い切れなかったりすることがあります。

一流は、やらないことを決めてから始めます。

仕事においては、「すべてをやる」ことが最善ではなく、ときには「やらないこと」を選択することが求められます。これは、何が最も重要なのかを理解し、それに集中するための戦略なのです。

例えば、社内会議用の資料作成を任されたとします。

売上数字を社内に報告するための資料だったら、それ以外の情報や、装飾は不要です。また、前回の会議で使った資料を流用することができれば、作成時間は大幅に減ります。この場合、「凝った資料を作るのはやめる」と最初に決めてから、作成に取り掛かるのです。

このように、一流の取り掛かり方には、戦略が求められます。

タスクが多いときほど、「やらないこと」を明確にすることが重要です。一流はこの原則を理解し、実践しています。

この戦略を成功させるためには、「自分の目標や優先事項」を明確に理解していることが前提となります。

目標が明確でないと、何が重要なのか、何をすべきで、何をやらないべきなのかを、判断する基準がありません。

そうなると、目の前のタスクを何となくこなし、結果として重要なタスクが疎かになる恐れがあります。

これを機に、「やらないこと」を決定し、その結果得られる時間とエネルギーを最も重要なタスクに集中させてみてください。

このアプローチは、「やらなければならないこと」を見て感じるストレスを減らすだけでなく、自分がコントロールできる行動を選択し、時間とエネルギーを最大限に活用することを可能にします。ぜひ試してみてください。

Quickening Strategy

一流は、「やらないこと」を決める

限られた時間と集中力をどこに
フォーカスするかで成果が変わる

三流は、いつも後回しにして、二流は、なるべく早く返し、一流は、どう返す？

私は、これまで815社の業務改善を支援してきました。

その中で39社に協力してもらい、人事評価の上位5％の社員（一流）と、上位40％（二流）、そして下位20％（三流）の社員のメール送信の傾向をそれぞれ調査・分析しました。

スマートフォンで、会社のメールをチェックするビジネスパーソンは年々増えています。

チェック頻度は6年前に比べて2．3倍に急増し、平均で49分に1回ほどでした[※]。

意外なことに一流の社員は平均よりも少なく、63分に1回。

むしろ仕事ができる人の方が、チェック頻度は少なかったのです。

※クロスリバー社調査、2017年3月～2023年3月、対象者21,764名

1時間以上もメールをチェックしないと業務に支障が出るのではないか、と思うかもしれません。実は、一流社員の「違い」は返答スピードにありました。日程調整や資料の修正など返信が求められるメールに対して、一流社員の返答がダントツで早かったのです。

一流は、メールの受信時間から平均39分で返答していました。受信チェックは63分に1回にも関わらず、平均返答時間は39分ですから、**チェック時に一気に返答している**ことが分かります。

二流は76分、三流は185分と、明らかな差が出ました。

もちろん、受信したメールの文字量や依頼内容の複雑さによって、すぐに返答できないケースもあるでしょう。「すぐに返せるものは、なるべく早く返す」という方が、実際に多いようです。

しかし、一流社員はどのメールでもすぐに返信していたのです。

例えば、日程調整の場合は、すぐに候補日を返信します。時間をかけて作業しないといけない場合は、「今週金曜の17時までに回答します」と提出の目途を返します。このように、仕事の流れを自分のところで止めずに、相手の「待ち時間」を減らしていたのです。

128社を調査したところ、相手からの返答を待つことによって残業になるケースが増えていることが判明しました。仕事は一人だけで完結できず、共同作業によって成り立っていることは明らかです。

また、即答することにより、相手からの評価が高まります。同僚や取引先から、「○○さんは3人いるのですか？」と言われて評価されることもあるそうです。こうして信頼を高めていけば、重要なプロジェクトに抜擢されたり、仕事の進め方を任されて報告業務が減るなど、少ない労力で成果を出しやすくなります。

一流は、仕事は共同作業の流れで成り立っていることを知っています。

必要最低限の頻度でメールをチェックして、即答することにより「仕事渋滞」を防いでいるのです。

Quickening Strategy

一流は、いつでも返信が早い

☑ 相手に配慮することで、仕事のスピードと
自分への信頼をアップする

会議の準備

三流は、アジェンダを用意せず、二流は、事前にアジェンダを共有し、一流は、何をする？

815社を調査すると、社内会議の61％で事前にアジェンダ（議題）が参加者に共有されていませんでした。

これは頂上が見えない山登りと一緒です。目的地が明確でないので、会議での話題が拡散し、結局何が話し合われたのか、会議後に何をすべきなのかが分かりません。

こうした会議ではいわゆる「内職」が横行します。

218社の調査では社内会議では平均41％の人が内職しており、アジェンダが出ていない会議では60％以上が内職をしていたことが判明しました。

会議の準備として、少なくとも24時間前にはアジェンダを参加者に送っておくべきです。

これによって、参加者は何が議論されるのかを事前に知り、準備する時間が確保できます。

しかし、これだけでは参加者の内職を抜本的に減らすのには不十分です。

一流のビジネスパーソンが行う会議準備において、最も重要な部分は「**アジェンダに参加者名を入れる**」ことです。

これは一見単純なように見えますが、この一手間によって会議の効率と効果が格段に向上します。参加者名を入れることのメリットは次の3つです。

1. **参加者の当事者意識が高まる**：アジェンダに各項目の担当者や発表者の名前を入れることで、その人が会議にどのように貢献するのかが明確になります。

2. **課題の明確化**：事前に誰が何を話すのかが明確になるため、各項目について準備することができ、会議中はより深く、かつ効率的に議論を進めることができます。

3. **会議後アクションの明確化**：議論した項目について、誰が何をするのかが明確になるため、会議後すぐに行動に移すことができます。

あるＩＴ会社では、新しいプロジェクトのキックオフ会議でこの手法を採用しました。アジェンダには、市場分析、販売戦略、製品開発などの各項目に対応する部署と担当者の名前が記載されていました。会議が始まる前から、各参加者は自分の役割と責任を明確に理解していたため、スムーズに議事は進行し、意見も活発に出ました。

自社のＩＴツールを使って会議の内職率を調べたところ、15％以下になったそうです。これは前年のキックオフの内職者より３分の１以下になったとのことです。結果として、プロジェクトは計画通りに進展し、大きな成功を収めました。

このように、会議は準備で９割決まります。

単にアジェンダ作成をするだけでなく、参加者がどのように会議で貢献し、その後どのような行動を取るべきといった戦略を持っておく必要があるのです。

この戦略を持って準備することで、会議時間を有効活用できます。

結果的に無駄な会議に出ることを減らし、チームおよび組織全体の時短につながるのです。

Quickening Strategy

一流は、アジェンダに参加者名を入れる

会議のゴールと参加者に求める
アクションを明示して内職を減らす

会議の終え方

三流は、次回の日程を確認し、二流は、会議で決まったことを確認し、一流は、どうする？

こんな会議を経験したことはありませんか。

話があちこちに飛び、「何が決まったのか」が曖昧なまま終了……。

これでは、せっかくの会議時間が台無しです。

会議が終わるタイミングですぐに次回の日程を確認するとき、多くの参加者は「また会議か」と心の中で嘆いています。

次回の日程を確認することは必要ですが、それだけで会議を終えてしまうと、何が決まったのか、何をしなければならないのか、といった本質的な点が曖昧なままで終わってしまいます。

会議の終わりに「まとめ」をする方も多いです。

会議で決まったこと、決められたこれからの行動事項を再度確認します。これによって「何をすべきか」は明確になり、会議の目標を達成したように見えます。

しかし、会議のゴールは参加者のアクションにつなげることです。会議後に具体的なアクションへ移るには「誰が」「いつまでに」行うのかが、明示されていないといけないのです。

一流は、参加者に求めるアクションを最後に確認します。会議の最後に「誰が」「何を」「いつまでに」行うのかを明示するのです。

さらに、それぞれのアクションがどのように全体の目標に役立つのか、その意義や目的も最後に説明します。

これによって、参加者は自分の役割とその重要性を理解し、責任を持って行動するようになります。そうなれば、次の会議までに行動をしてきて、その行動で得た学びを会議で共有できます。

こうした決定↓行動↓学習のサイクルを継続することで、目標達成に近づいていくのです。

一流はそれだけではありません。

適切なタイミングで各参加者の進捗を確認し、必要な調整やフォローアップを行います。アクションを求めるだけでなく、期限までに完了するまで責任を持つのです。

つまり、**一方的にやらせるのではなく、参加者と協力して一緒に完遂します。**上から目線で指示するのではなく、同じ目線に立って一緒に行動を進めることで、会議参加者を巻き込むことができるのです。

また、一流は会議が必要な場合とそうでない場合も、明確にします。無駄な会議を避け、会議でなくても解決できる場合は、ＩＴツールを使って情報共有などをします。そのため、一流が関わる会議は、短時間でありながら非常に効果的なものになるのです。

一流のように具体的なアクションとその意義、さらには各参加者の責任感を高めることで、会議そのものの品質を向上することができます。

Quickening Strategy

一流は、会議の最後に参加者のアクションを促す

参加者と一体になって実行することで
共創関係になる

依頼を受けたら

三流は、いつ取り掛かるか考え、二流は、いつまでに終えるか考え、一流は、何をする？

実は、仕事を受けた直後の行動によって、その後の作業効率と成果に違いが出ます。

新しい仕事を受けた瞬間、まず「いつ取り掛かるか」と考えるのは危険です。

スケジュールの隙間を探して、無理に新しい仕事に取り掛かろうとすると、隙間がないことに気づきます。そうなると、結局抱えている仕事を優先することになるので、新しい仕事は後回しになります。

期限までに作業を終えるのは基本中の基本です。

だからこそ、締め切りを確認してそれに向けて計画を考えることが、最善策のように思うかもしれません。

しかし、スピード重視で質が落ちてしまうこともあります。

そして一番の問題は、その計画が自分一人で達成可能なものか、周囲を巻き込んで進めるべきであるかが考慮されていないことです。


仕事を受けた直後、**一流は、誰とやるかを考えます。**

仕事の質と効率性を最大限に高めるためには、最適な人材と協力することが不可欠です。

一流はこの点を非常によく理解しており、仕事を受けた直後は、その仕事に最適なチームメンバーやパートナーを考えます。


複雑な課題を一人だけで解決するのは困難です。

ほとんどのビジネスの成果は、チームワークに依存しています。

チームメンバー一人ひとりが持つスキルや知識を最大限に活用することで、高度な問題解決ができるようになるのです。

例えば、新しいプロジェクトに取り組む際、一流は各分野の専門家を集め、彼らの意見や提案を積極的に取り入れることで、より洗練された解決策を生み出します。このアプローチにより、仕事の品質は高まるだけでなく、全体の進捗もスムーズになります。

さらに、チームメンバーの強みを活かすことで、個々の負担も軽減され、モチベーションの向上にもつながるのです。

このように、一流は「誰とやるか」という質問から出発し、チームワークの力を最大限に活用して、課題に取り組むのです。

彼らは単にタスクを完了させるだけでなく、そのプロセス全体を向上させ、結果的には組織全体のパフォーマンスの向上にも寄与します。

これこそが、一流のビジネスパーソンが仕事を受けた直後に行うべきことなのです。

人に依頼するときのポイントは、Chapter 6 にまとめました。

そちらもぜひ参考にして、人を巻き込みながらチームで仕事を進めてみてください。

Quickening Strategy

一流は、「誰とやるか」を考える

周囲を巻き込むことを最優先し、
個人とチームの成果を上げる

ミスを減らす方法

三流は、何度も見直し、二流は、まわりの人にも見てもらい、一流は、どうする？

文章を書き終えたら、自分自身の目で誤字脱字がないかチェックすることが多いでしょう。

気合を入れて努力すれば、ミスをゼロにできると思い込んでしまうのは三流です。

例えば、報告書を作成した後、その内容を自分で何度も読み返すことでミスを探し出そうとします。この方法は効率が悪く、見落としてしまうミスも多いです。

作業ミスを減らすために、第三者に目視チェックをしてもらうのは効果的です。

自分の能力だけに頼らず、同僚や部下の力を借りるのです。

報告書を校正してもらったり、プレゼンテーションのスライドを事前に見直してもらうことで、自分の抜け漏れを見つけることができます。

この方法はたしかにミスの発見率が高くなりますが、それでもまだ時間と労力がかかります。

ここで注目すべきは、**一流は作業ミスを減らすために「ITツールでチェックする」という方法を取っていることです。**

一流を分析していて意外であったのは、「人間はミスをするのが当たり前」という前提を持っていたことです。努力や同僚のサポートによってミスを減らすことはできても、人間だけで作業をすると必ずミスが発生すると割り切っているのです。

そこで、人間がしたミスを発見・修正してくれるITツールを駆使していたのです。

例えば、一流は報告書や資料作成ではWordに備わっている「スペルチェックと文章校正」の機能を使っています。この機能は自動で文章をチェックし、修正案も提示してくれます。

プロジェクト管理は、タスク管理ツールを使えば、各ステップでの期限切れを視覚的に表示してくれます。さらに、データ分析においても自動化スクリプトやAI活用によって、人間が手を動かさずに処理を完結させることができます。

一流が一流である所以は、ＩＴツールを駆使して作業ミスを減らすだけでなく、それによって得られた時間を、より重要かつ戦略的な仕事に充てていることです。

最強の時間術は、時間の配置です。

不要な作業にかける時間を、重要な時間に配置するのです。この考え方で、一流は短時間で成果を出し続ける仕組みを作っていました。

たしかにＩＴツールの習得には時間がかかります。しかし、一度習得すれば作業の精度と効率を大幅に向上させることができます。

つまりＩＴツールを使いこなすための投資は、コスパが高いのです。ぜひ試してみてください。

Quickening Strategy

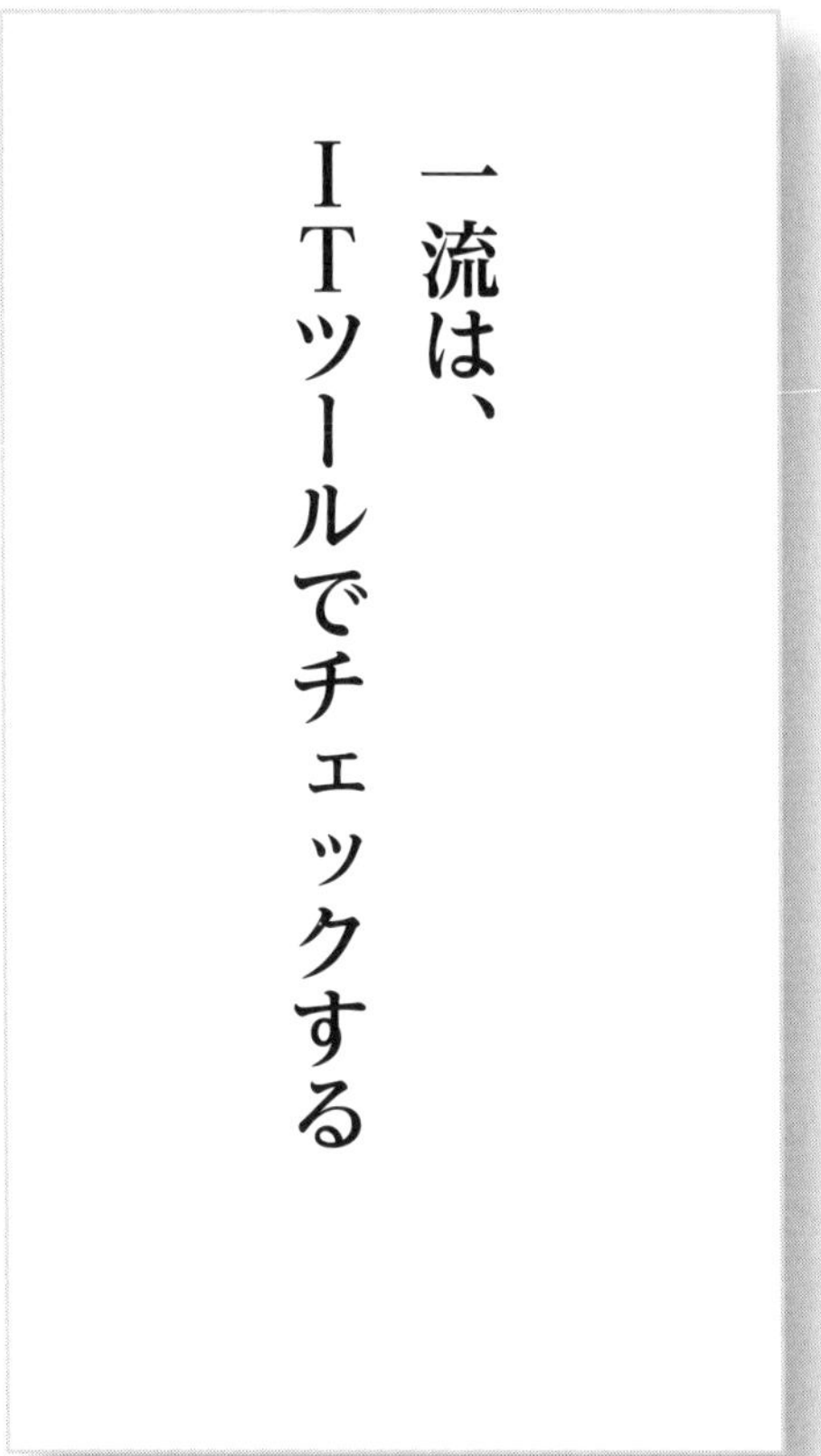

人間はミスをすると割り切り、
人間のミスをカバーする仕組みを作る

休みの前

三流は、目の前の仕事を必死にこなし、
二流は、休み明けの仕事を入念に準備し、
一流は、何をする？

時短術を駆使すれば、休み前の混乱を最小限に抑え、休日を有意義に過ごすことができます。

手当たり次第に手元にある仕事やメールを片付けようとすると、休み前に本当に処理すべきタスクが残ってしまいます。

かといって、休み明けにやるべき仕事を考えて「念のため、やっておいた方がいいだろう」と準備するのもおすすめできません。「念のため」と思うタスクの8割以上は実際には使われないからです。

396社1455人に調査したところ「念のため準備した」という資料は18％しか使われなかったという結果が出ました。休んでいる間に問題が解決する場合もあります。

一流は、重要だけれど緊急でないタスクの準備をします。

仕事は、下のマトリクスのように分けることができます。一流は、一番優先すべき「緊急かつ重要なタスク」は、最優先で休み前に終わらせています。

休みの直前に全力投球するのではなく、当初の見積もりと週途中のチェック修正によって、「予定通り終わる」ように調整しているのです。

そうすることによって、心と時間の余裕を生み出して、休み前は「重要だが緊急でないタスク」の準備をします。

多くの人は、緊急度の高いものはすぐに手をつけても、重要度は高いけれど今やらなくても影響が少ないタスクは、おざなりにしがちです。

しかし一流は、この重要タスクに時間を割いて、他の

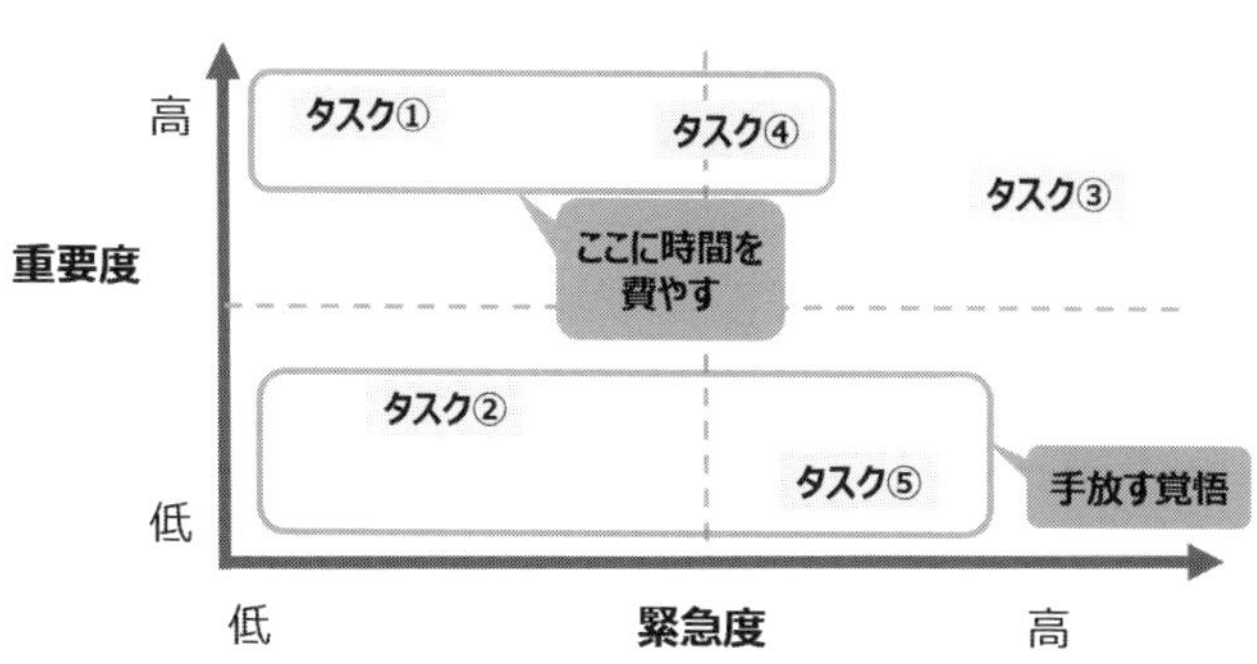

人と差をつけています。

例えば、翌週に開催される戦略会議に備え、必要なデータや分析を休み前に集めておく。経営会議での発表に向けて、資料やプレゼンテーションの初稿を作成しておく。このように重要なタスクの準備をしていくことで、休み明けに時間をかけずに最終調整ができます。

緊急度は低いものの重要度が最も高いタスクは、「仕組み化」です。

作業手順のマニュアル化、データ入力作業の自動化、そしてChatGPTなどのテクノロジーの学習などは、先に取り掛かっていた方が、雑務を時短できます。

こうしたことは「いつかやらないといけないけど、今は忙しいからやらない」と言われてしまうものです。これに時間を費やすことができる人が、限られた時間で成果を出し続ける一流なのです。

優先順位をつけずにただひたすら作業をこなす三流。念には念を入れて、すべてのことをしっかり準備しようとする二流。そして、重要だけれど緊急度が低い仕事を見抜き、そこに注力する一流。誰が成果を出し続けることができるかは、一目瞭然です。

Quickening Strategy

一流は、「仕組み化」の準備をする

「いつかやらないといけないタスク」を休み前に行う

Chapter 2

書く・伝える時短

文字入力

三流は、片手で入力し、二流は、ブラインドタッチを目指して、一流は、どう入力する？

文字入力の方法一つ取っても、効率と成果に差がつきます。

スマホでフリック入力を活用する人が増えています。片手で素早く文字入力ができるので、たしかに便利です。

しかし、大量の文章を入力するのは難しく、画面の小さなスマホでの処理は疲労度が高く、長時間の作業は困難です。

長文の入力や書類作成の効率を上げるために、ブラインドタッチをマスターしようとしている人も多いのではないでしょうか。

しかし、タブレットなどのタッチスクリーン端末では効果を発揮できなかったり、ショートカットキーなどの特殊キーを頻繁に使用する作業では、十分な効果をもたらさないことがあります。状況に応じて入力方法を使い分けた方が、時短効果は上がります。

一流が着目していたのは、音声入力です。

まだ普及はしていませんが、フリック入力やキーボード入力の補完的な方法として音声入力を試していたのです。

2．3万人のビジネスパーソンを対象にした調査では、音声入力を使用したことがある人はたった0．4％しかいませんでした。一方、各企業の人事評価トップ5％社員に同じ質問を投げかけると、音声入力の経験者は23．2％もいました。**58倍の比率で使っていたのです。**さらに、音声入力を週に1回以上使う人の比率は、一般社員の72倍でした。

音声入力には多くのメリットがあります。

まず、音声で文章を生成するため、入力速度は極めて高くなります。

あるベンチャー企業で20代にして役員候補となっている男性は、つねに時間と戦っていました。彼は一日の大半を効率的に使いたいと考えており、そのために音声入力を活用しているそうです。例えば、車で移動中のときでも、スマホの音声入力機能を使ってメールを作成したり、アイディアをメモしたりします。

さらには、音声入力を使って、「note」でブログ記事を執筆しているそうです。Wordやグーグルの Docs で音声入力して文章を作成し、ChatGPT へコピーして、文章の校正や漢字の誤変換を修正していました。

音声入力は、まだ100％の精度ではありません。音声を正確に聞き取ってくれなかったり、句読点を正しく入力してくれないこともあります。

しかし、一流が音声入力を試用する理由は、単に文字の入力時間を短縮するだけでなく、効果を上げる可能性があるからです。**音声入力を使うことで、手が自由になり、同時に他の作業を行うことができます。**例えば、音声入力でメールを書きながら、データのグラフを確認するといったマルチタスクが可能になります。

単に入力時間を短くするだけでなく、より多くの作業を手掛けることが、一流が目指す「More with Less（より多くのことを、より少ない時間で）」を実現するのです。

Quickening Strategy

一流は、音声入力も使う

入力方法を使い分けることで、
効果と効率を同時にアップさせる

文章の書き方

三流は、修正することを忘れ、二流は、書きながら修正し、一流は、どう書く？

文章作成は、多くのビジネスパーソンが避けて通れないタスクです。そして、文章を書くことが苦手なビジネスパーソンはとても多いです。1．8万人のビジネスパーソンを対象に調査すると、「最も苦手なタスク」で文章を書くことを選択する人は23％もいました。

文章作成を苦手にする理由の一つが、「誤字・脱字をした経験」でした。このようなミスを引き起こすのは、「修正することを忘れる」からです。例えば、1万字の年次報告書を作成する場合、原稿を書き切った時点で満足してしまいます。しかし、誤字や脱字、内容の不整合を十分にチェックせずにいたら、評価されないどころか、信頼を失います。

こうした失敗をした経験があると、文章作成に苦手意識を持ってしまいます。ミスをした経験を踏まえ、文章を書きながら念入りにチェックして修正する人は多いです。これがダメだというわけではありませんが、何行か書くごとに何度も修正を入れると効率は下がります。

例えば、レポートを書いている最中、一つひとつのフレーズを何度もチェックしていては、全体の流れや構造に目を向ける時間が削られます。結果として、文章の質が下がってしまうのです。

一流は、「**すべて書き終えてから修正作業をする**」ことが多いです。

一流の作家さんは原稿を執筆する際、一度すべてのストーリーを書き上げた後、修正に入るそうです。この修正作業に時間がかかることも多いですが、全体の流れや構造、一貫性などを総合的にチェックするためには、このような方法は合理的かつ効率的です。

一流のビジネスパーソンが長文を書くときは、大まかなアウトラインを作成した後、その骨格に沿って一気に書き上げます。

この段階では、細かい誤字脱字や表現の微妙な違いには、一切目を向けません。全体のストーリーがしっかりと組み立てられているか、主要なポイントが確実に伝えられているか、ということに集中します。

次に、すべての章やセクションが完成した後で、初めて修正作業に入ります。この際、一流は一度全文を通して読み、全体の流れや一貫性をチェックします。また、その後で各セクションや段落、さらには一文一文に目を通し、細かい修正を施します。

このような一流の執筆スタイルには、明確なメリットがあります。それは、**修正作業が一度に集中するため、その間に「気づき」が多く生まれる点**です。小さな修正を何度も繰り返すのではなく、一度の修正で多くの問題を同時に解決できるのです。これなら、確実に時短につながります。

修正作業を一度に行うことで、一貫性のある高品質な文章が短時間で完成します。より短い時間で書き、より大きなインパクトを読者に残すには、書き終えてから一括チェックする一流の方法が適しているのです。

Quickening Strategy

一流は、全体を書き終えてから一括チェックする

「書く」「確認する」「修正する」を分けて行う

三流は、1枚につき385文字、二流は、1枚につき240文字、一流は、何文字？

2017年から2023年まで815社に協力いただき、顧客向けの提案で使用されたパワポ資料の5万ファイル以上を調査しました。1ページあたりの文字数や使用されたカラー数、画像やアイコンの数、そしてその資料が成功につながったのかを調べ上げました。

調査結果でまず驚いたのが文字の数。

5万ファイルの1ページの平均文字数は385文字でした。

詳細な情報を伝えたいのは分かりますが、冷静に考えて1ページに385文字もあると読む気が失せてしまいます。

各企業で管理職の方々、計806名を対象に調査したところ、78%の人が「一目で要点が分からないと詳細な情報を見ない」傾向であることが判明しました。ということは、1

ページに385文字もあると「要は何か」を見出すことが難しいので、残りの情報を見てもらえず、相手の決定を促すことが難しくなります。

相手に決定を促した資料、つまり提案に成功した資料について分析を進めると、文字数が少ない傾向にあることが分かりました。

調査の前年に営業目標を達成した人たちの資料を分析すると、平均よりも文字数が少なく、1ページにつき240文字ほどでした。提案相手のことを考えて、相手起点で情報提供する姿勢が、相手の行動に少なからずいい影響を与えることは分かりました。

しかし、一流はさらにその上を行きます。

特定の期間だけ成果を残すのではなく、成果を出し続ける人が一流です。単年度だけでなく3年連続で営業目標を達成した人を抽出し、その方の資料を分析しました。

すると、資料の文字数が圧倒的に少ないのです。

金融や医薬品、公的機関など情報の網羅性が重視される業界を含めても、**一流が作成する資料の1ページあたりの平均文字数は、105文字でした。**その短い文字数でしっかりとポイントを押さえ、相手に訴えかける内容が緻密にまとめられていました。

一流がこのようなアプローチを取る理由は、時間の尊重と効率性にあります。

彼らは相手の時間も自分の時間も非常に大切にしており、そのためにも最も効率的なコミュニケーションを心がけているのです。


さらに、一流は提案書を一方的な情報提供ではなく、対話を生む「きっかけ」の一つと考えます。

なかには、**相手に質問させるために資料をコンパクトにする一流もいます。**

相手に質問してもらうことで、相手に当事者意識を持ってもらい自分の意識で決定してもらうことを促していたのです。質問をしてもらうために、提案資料には70％程度の情報しか入れないという製造業のトップセールスもいました。


つまり、一流の提案書作成とは、相手の興味やニーズに応じて短縮された形で必要な情報を提供し、さらに相手との対話やアクションを促進するものです。このようにして一流は、提案書を真に有用なビジネスツールとして活用して、成果を出し続けているのです。

Quickening Strategy

一流は、1枚につき105文字でまとめ、資料から対話を生む

情報を絞ることで、相手に
当事者意識を持って考えてもらえる

企画書

三流は、自己満足で作り、二流は、「ゴール」を意識して作り、一流は、どう作る？

企画書の作成はビジネスで極めて一般的な作業です。

しかし、相手の立場に立たない企画書をついつい作ってしまうことがあります。

企画書を作成する際に、「自己満足」で溢れてしまうと成果を出せません。

ある広告代理店の男性が、新しいプロジェクトの企画書をクライアント企業へ提出しました。彼自身はその内容に非常に満足していますが、クライアントからは「この企画書、具体的に何がしたいの？」という反応が返ってきました。彼の企画書は、彼自身のアイディアや考えに溺れ、最終的なゴールやクライアントのニーズを見失っていたのです。

ゴールをしっかりと意識して企画書を作成すれば、成果を出しやすくなります。

ある小売業の女性社員が新しいマーケティングキャンペーンの企画書を作った際、しっかりと「このキャンペーンで達成したいこと」を明記しました。同じ部署の先輩にも相談して、企画書の修正を行いました。

しかし、決裁者である上司からはいい評価をもらえませんでした。ゴールだけが明確で、企画のプロセスが具体的に記載されていなかったためです。「それ、早く言ってよ」と心の中でつぶやきながら残業して作り直し、翌日に最終承認を得ることができました。

一流が企画書を作成する際は、少し違った手法を取ります。

作成途中で相手を巻き込むために、「チラ見せ」をするのです。

例えば、新しい商品開発の企画書を作成する場合。企画書の1~2枚や目次案ができた時点で、提出先の上司や顧客に、「作成途中で1分だけ見てもらってよいですか?」と許可を取ります。そうして、提出先の相手に「イメージは合っていますでしょうか?」と確認をします。

すべての相手が許可してくれるわけではありませんが、7割ほどのケースで受け入れてくれるそうです。相手は確認するのが面倒かもしれませんが、作成途中で企画の全体像を把握でき、作成者と一緒にそれを練り直す機会を持つことができます。

作成途中で相手の意見を引き出すことにより、共同作成者として相手を巻き込み、相手の企画書に対する納得感と所有感を高めることができます。また、この「チラ見せ」によって早い段階でフィードバックを受けられるので、企画自体の質も向上します。

また、**途中で相手からフィードバックをもらうことで差し戻しを抑えることができます。**ある製造業の商品企画部門では、残業理由の34％が差し戻しによるものでした。夕方に差し戻しされて、翌日までに作り直す必要があったそうです。こうしたタイムロスを防ぐことができるのです。

このように、一流はつねに「進捗と調整」を繰り返します。

提案書も企画書も、成功したかどうかは自分ではなく相手が決めるのです。作成途中で相手からフィードバックを得て相手の共感をつかみ取り、企画自体を共創していくことが、結果的にいい評価を得ることにつながるのです。

Quickening Strategy

一流は、作成途中で提出先の意見を聞く

プロセスの中に相手を巻き込むことで、短い時間で成果を出せる

三流は、情報を一方的に伝え、二流は、聞き手の疑問に答えようとして、一流は、どうする？

プレゼンの成功は、仕事の成果の時短に直結します。
そして、プレゼンをどう位置付けて、どういう結果を求めるかによって、準備の仕方が変わり、成果も変わってきます。

プレゼンで「伝えること」を目指してしまうと成果は出せません。
例えば、新製品のプレゼンをする際に、その機能や仕様、価格などを一方的にリストアップして話したとします。一見、情報が伝えられているように感じられるかもしれませんが、聞き手の心にはほとんど響きません。単なる情報の垂れ流しになっているからです。

多くのケースで、発表者は聞き手が持つ疑問や不明点に答えるように心がけています。

例えば、新製品のプレゼンでは、市場での位置付けや競合他社との違いを明確にし、それが相手にどう影響するのかを説明します。このように、話し手である自分ではなく、聞き手である相手を主役と考えて情報を提供するのです。

しかし、ここで多くの人が満足してしまいます。

一流のプレゼンにおいては、単に伝える、または伝わるだけでは不十分です。

一流は、伝える情報、その情報が伝わる形式を超え、**聴衆がその情報を受けて何を行動するか**までを計算に入れています。

各企業の人事評価トップ5％の社員９１２７名のプレゼンを分析すると、以下の４つを行っていることが明らかになりました。

1．事前調査：まず、各部署や関係者が何に最も関心を持っているのか、どのような課題や問題を抱えているのかを事前に調査します。

2．内容の絞り込み：調査に基づいて、最も効果的なポイントだけを絞り込み、それに焦点を当てます。

3. **行動促進の要素を取り入れる**：プレゼンの各部分に、具体的な行動指針や次のステップを明示的に取り入れます（例：検討ではなく決定してほしい、プロジェクトを進めるためのメンバーを任命してほしい、など）。

4. **フォローアップ**：プレゼン後には、具体的な行動が取られたかどうかをフォローアップし、必要な調整や補足を行います。

このように、一流はプレゼンのすべての側面において、聞き手がどのように行動するかを最終的な目標として設定しています。それは単なる情報の伝達を超えた、双方向のコミュニケーションと言えます。

相手を起点として、伝達から理解へ、そして納得を引き出すことにより相手の感情と行動を変えているのです。

Quickening Strategy

一流は、相手に行動を促す

「聞き手にどのような行動をしてほしいか」を最終目標にする

週報

三流は、出来事を羅列し、二流は、過去の学びや反省を書き、一流は、何を書く？

週報を単なる義務感で書いている人は多いのではないでしょうか？

加えて、締め切りギリギリになって慌てて書くことで、内容が中途半端になることも少なくありません。

週報を作成する際、「過去の出来事」を書くことに集中してしまうと、今週は何をしたか、どのプロジェクトが進行中か、といった情報が羅列されるだけになります。

例えば、ある新入社員が週報で「今週は新プロジェクトの資料を作成しました」とだけ書いた場合、それがいいものであるのか、何のために作成されたのか、どれだけの効果があるのかがまったく分かりません。その結果、上司やチームメンバーは、この週報から何も学ぶことができません。

一方、過去の「学び」を週報に書く人もいます。単に何をしたかを報告するだけではなく、その結果から何を学んだか、どのように内省したかが含まれています。こうした「学び」を上司やメンバーと共有することで、相手の「学び」にもなります。

この方法には、「自己満足に陥りやすい」という落とし穴があります。過去の「学び」を共有することにフォーカスしすぎると、未来に対する具体的な行動計画や戦略が欠けてしまいます。

つまり、何かを学んだと感じているだけで、その学びが実際の行動に反映されていない場合が多いのです。このように、多くの週報は「反省点」まで到達しますが、「改善点」には至らない可能性があります。

一流が週報において卓越している点は、**未来に向けたアクションに重点を置く**ことです。

ある精密機器メーカーでは、営業課長が「第1四半期の売上が目標に届かなかったこと」について週報で言及しました。その原因として、「新規顧客獲得が思ったより難しかった。

そこで、次の週は既存顧客への追加契約を強化し、第2四半期では既存顧客との接点を増やす」と報告しました。

こうした内容であれば、どのような戦略で売上改善に取り組むのかが非常に明確です。

一流は週報の内容を単なる過去の報告書ではなく、未来の行動を修正するための手段と考えています。週報を作成するプロセスの中で、未来に対する戦略を見直しているのです。

過去の活動とそれに紐づいた成果を内省し、その中から改善点を見出して翌週の行動を修正しています。

こうした内省による発見、発見による行動の修正が一つのサイクルとして行動習慣になっているのが一流です。

このように、一流の週報は、締めくくりが「今後修正するアクション」になっています。

過去は過去で、未来に何をするべきかが最も重要です。その思考が週報に表れていると、それだけでその人のビジネスパーソンとしての資質が高いことが分かります。

Quickening Strategy

一流は、未来に向けて修正すべきことを書く

過去の振り返りによって
行動を修正するために週報を書く

Chapter 3

管理・計画時短

時間管理

三流は、勘で時間を計り、二流は、追われながら時刻を確認し、一流は、どう管理する？

時間管理についてあまり真剣に考えない人は、大体の勘で予定やタスクの時間を計ります。感覚で時間を計ると、予測が甘くなりがちです。結果として、締め切りを守ることができず、仕事が中途半端になります。

一歩進んで、時間管理に注意を払ったとしても、時間に追われてしまっては時短することはできません。

スマホで時間を確認し、予定に遅れないよう心がけても、日常業務に追われていると、目の前の仕事をこなすだけで精いっぱいになってしまいます。根本的な改善に時間を充てることができず、残業沼から抜け出せません。

例えば、定時帰りを気にしながら経費精算を処理していたら、本来使うべきＩＴツールの機能を学ぶことができず、努力と根性で処理を繰り返すことになってしまいます。

時間管理において独特の方法を持っているのが一流です。

彼らは、デジタル時計ではなく、アナログ時計で時間を管理します。

この方法の最大のメリットは、残り時間が一目で分かることです。

一流は、残り時間から逆算して、やるべきことを具体化します。

例えば、あと40分で報告書を4ページ書かなくてはいけないのであれば、最初の1ページを10分で完成させようとします。

デジタル時計では秒単位で時間が刻まれ、一瞬一瞬がすぎ去る速さに焦りを感じやすいです。しかし、アナログ時計は一回り完了するまでの大きなサイクルを意識させてくれます。これは、目標達成のために「いつまでに、どこまで終わらせたらいいか」を具現化する手助けとなります。

逆算して考えることで、時間に追われるのではなく、決められた時間の中でエネルギーを最適に配分することができるのです。

一流は会議の際にもアナログ時計を持参することが多いです。これは、会議の時間を的確に把握し、効率的に話を進めるためです。

一流は、こうした時間管理のスキルを他人と共有する傾向もあります。単に効率を高めるためではなく、それがチーム全体やプロジェクトが成功するために不可欠な要素だと考えているからです。

彼らは時間を「コントロール」する存在として、そのすべての側面を最大限に活用しようと努力しています。

三流は期限を気にせず、二流は時間に追われ、一流は与えられた時間でエネルギーを最適配分して、期限内に確実にアクションを終わらせます。

時間の使い方一つで、その人の成果が変わるのです。

Quickening Strategy

一流は、アナログ時計で残り時間を意識する

期限内にアクションを終えるために、エネルギーのかけ方を変える

仕事の優先度

三流は、締め切りに振り回され、二流は、重要度と緊急度を考えて、一流は、どうする?

605社87796名を調査したところ、一人あたり平均で7.5個のタスクをつねに抱えていることが分かりました。

一つのタスクを終えても、また新たなタスクが振られてきて、つねに7個以上のタスクを持っている人が7割以上いたのです。

この状況で緊急度だけでタスクをこなそうとすると、成果を出し続けることはできません。

締め切りが迫っているタスクや、突発的な問題を優先的に対処してしまうと、結果的に、上司や顧客から評価される重要なタスクが後回しになってしまいます。

多くの人は重要度も緊急度も高い仕事をします。つまり、重要度と緊急度のバランスを見てタスクを優先します。

このアプローチは一見理にかなっているように見えますが、これにも欠点があります。

それは、つねに緊急度と重要度が高いタスクに追われることで、とても重要だけれど緊急ではないタスク、つまり長期的な成功につながるタスクがおざなりにされがちだという点です。

一流は、「緊急度は低いものの重要度が高い仕事」に時間を割きます。

これは、緊急性よりも重要性を重視することを意味します。

一流は、日々の緊急の問題に振り回されるのではなく、重要な目標に対する長期的な視点を持っています。そして、その長期的な視点に基づいて、日々のタスクの優先度を決定しているのです。

このアプローチのカギとなるのは、**タスクの重要性を正しく評価する能力**です。

この力をつけるには、自分自身の目標や価値を、明確に理解することが大切です。

なぜなら、それがなければ、「タスクが自分の長期的な成功にどれだけ貢献するか」を評価する基準がなくなってしまうからです。

また、「緊急度が低いと感じるタスク」を延期しないよう、自分自身を管理することも必要です。

緊急ではないからと言って重要なタスクを見逃すと、結果的にそのタスクが重大な問題に変わることもあります。

それを避けるためには、緊急度が低いけれど重要度が高いタスクに対しても、計画的に取り組むことが求められます。

「緊急度は低いが重要度が高い仕事をする」を実践することで、あなたも自分の時間とエネルギーを最も重要なタスクに集中し、成果を出し続けることができるようになります。

Quickening Strategy

一流は、重要だけれど緊急でないタスクを選び出す

☑ ただタスクを終えただけで満足しない

計画の立て方

三流は、行き当たりばったり、二流は、最短ルートを探して、一流は、どう決める？

計画を立てることなく、「行き当たりばったり」で動いた結果、時間を無駄にした経験はないでしょうか。

この方法は、当然ながら方向性を見失いやすくなり、仕事の優先順位が曖昧になります。

何か行動をする際は、まず最短ルートで目的を達成しようとする人が多いでしょう。

例えば、どこかへ向かうときはすぐにGoogle Mapで目的地に最も早く着くルートを探したり、イベントに必要なアイテムを最短で確保できるように検索したりします。

しかし、最短ルートが必ずしも最適なルートであるとは限りません。最短ルートを通ることに固執しすぎて、他の可能性を見逃すこともあります。

一流は、バックアッププランとチャンク化でゴールを目指します。

最初からすべてが計画通りに行くとは限らないと認識しているのです。

そのため、目標達成のための主要なルートを定めつつ、それが何らかの理由で遮られたときのための代替案、つまりバックアッププランを用意します。

例えば、集合型イベントを企画する際は、オンラインでの配信もできないか確認しておきます。

この思考により、計画の途中で何か問題が発生しても、迅速かつ柔軟に対処できます。

さらに一流は、目標を達成するためのステップをチャンク化します。

チャンク化とはステップを細分化して、より具体的なアクションを明示して、その進捗をしっかりとらえることです。

先ほど例に挙げたようなイベントを企画する場合は、会場の手配、プログラムの作成、宣伝の実施、オンライン配信ができるかの確認など、各ステップで行うアクションを具体的に洗い出します。

一流はチャンク化により、目標を達成するための具体的なアクションを考え、それぞれのステップが全体の目標にどのように貢献するのかを理解します。その結果、進捗を確認しながら確実にゴールに近づくのです。

バックアッププランを探し、プロセスをチャンク化することで、柔軟かつ確実に目標を達成できます。

この一流の行動計画を成功させるためには、自己認識と前向きなマインドセットが必要です。

自分が何を達成したいのか、それがなぜ重要なのかを理解し、問題が発生したときにはそれを挑戦ととらえ、前向きに対処するようにしてみてください。

Quickening Strategy

一流は、バックアッププランとチャンク化でゴールを目指す

目標達成のための
戦略的思考と計画性を持つ

トラブルの再発防止

三流は、メンタルに頼り、二流は、教育や研修に頼り、一流は、どう防ぐ？

仕事で同じような問題が続いた経験はないでしょうか？

トラブルや失敗は避けられない側面がありますが、その後の対処法で「あなたのレベル」が見えてきます。

問題が起こった際に、根性論だけで解決を図ろうとしてもうまくいきません。

これより一歩進んだ防止策は、「教育」や「研修」によって解決策を見つけることです。発生した問題は、人材のスキル不足やモラルの欠如によるものと考えて、教育を通じてそのギャップを埋めようとします。

しかし、この効果は長続きしません。研修を受けた直後は意識が変わりますが、すぐに元に戻ってしまうのです。そもそも、根本解決に至りません。なぜなら、問題が単にスキルや知識の不足に起因するわけではないからです。

一流は、再発することを前提に、対策を練ります。

一流が問題に対処するアプローチは、人為的なミスを前提に仕組みを作るという点で特異です。これは、単なる一時的な解決を目的とするものではありません。

彼らは問題そのもの、そしてその背後に潜む「なぜ」に焦点を当てます。

各企業の一流人材7869名を調査したところ、会議の序盤で「そもそも」と発する比率が高いことが判明しました。

問題の表面ではなく、その深層を探ろうと「そもそもこの問題が起きたのは……」と疑問を投げかけていたのです。「そもそも」の発言によって、同じ問題が繰り返し発生しないように根本原因を見つけ、持続可能な仕組みを探ろうとするのです。

「再発することを前提に」というのは、一流が現実を直視し、「問題が発生する可能性をゼロにすることは難しい」と認識しているからです。

それゆえに、仕組みをしっかりと設計し、リスクを最小限に抑えようとします。このアプローチには、起こった問題を徹底的に分析する必要があります。

一例として、Amazonの「二枚ピザ」の理論を紹介しましょう。

これは、一つのチームを二枚のピザでお腹を満たせる程度の人数である、6名で構成するというアプローチのことです。大人数だと自分だけサボっていても見つかりませんが、6名であるとさすがにバレてしまいます。大勢いると誰かが手を抜くことを前提にして、小規模なチーム構成で「手を抜けない仕組み」を作っているのです。

例えば、「大人数で営業チームを組んだら人任せな人が多くなり、売上が伸び悩んだ」といった問題が発生した場合、再発防止策としてこの理論を使うことができるでしょう。

このように、一流は綿密な分析と洞察、そして卓越した設計力で、問題の再発を防止する仕組みを作ります。この結果、彼らが設計した仕組みは、短期的な改善だけでなく、長期的な持続性も備えているのです。

Quickening Strategy

一流は、再発を前提とした仕組みを作る

理想論ではなく現実的な解決策を見出して実行する

インプット時短

情報収集

三流は、とりあえず検索して、
二流は、重要そうな情報を集めて、
一流は、どう集める？

情報収集といったインプットはあくまで手段であって、共有や発表、提出といったアウトプットが目的でないと、まわりから評価してもらえません。

では、アウトプットありきのインプットはどのようにすればいいのでしょうか。

たくさんの情報を集めることに時間を費やしても、評価はされません。

そもそもGoogle検索などで得られる情報は、すべての人がアクセス可能なわけですから、その検索結果をまとめるだけでは、価値が薄いのです。

「いつか役に立つだろう」「上司はこの情報を重要だと思っているだろう」という、「重要そう」な情報に絞って、集めるのはどうでしょう。

39社の行動実験で、たしかに重要な資料の95%以上は実際に活用されていました。しかし、**重要〝そうな〟資料の81%は2年経っても使われていませんでした。**

この〝そうな〟がつく情報は、憶測や妄想をベースとしているので、的外れなことが多く、時間を無駄に使うことになります。相手にヒアリングして情報収集していれば、重要な情報と重要〝そうな〟情報の違いをハッキリさせることができるので時短につながります。

一流はさらに上を行き、違うものを集めています。

情報の背後にある「インサイト」、つまり**深い洞察を見つけ出そうとしていたのです。**

例えば、市場調査のレポートを読む際も、ただの数字やデータではなく、その背後に隠れた意味やトレンドを理解しようとします。

さらに、一流はその「インサイト」から、「**インテリジェンス**」を見出そうとします。

つまり、単に情報を集める以上に、**その情報が自分自身や組織にどのように役立つか、どのように活用できるかを即座に見出すのです。**

例えば、競合他社の動きに対して、単にその行動を認識するだけでなく、それが自社に与える影響、さらにはそれを逆手に取ってどう優位に立てるかまでを考えて仮説を作ります。また、顧客からのフィードバックに対しても、単なる「いい」か「悪い」の評価ではなく、その背後にある顧客の真のニーズや問題点を把握します。

インサイトを元にして未来を予測できれば、「インテリジェンス」に昇華し、上司や顧客から評価を得ることができます。

評価を得ることができれば、作業方法をこと細かくチェックされることもなくなり、結果的に時短につながるのです。

このように、情報収集を単なるデータの蓄積ではなく、気づきを得る手段として、また相手から信頼を得たり、相手を動かそうとするための手段だととらえましょう。

そうすることで、一流へと近づいていくことができます。

Quickening Strategy

一流は、インテリジェンスを集める

情報の背後にある意味やトレンドを理解し、活用する

ヒアリング

三流は、耳で聞き、
二流は、目で聴き、
一流は、どうする？

私たちは「頑張って聞いていれば、重要なことは覚えているだろう」と考えてしまいやすいですが、それは妄想です。

２１８社の従業員1.2万人を対象に、社内会議が終了して90分後に共有された内容を確認したところ、その内容の４割以上を忘れていたことが分かりました。

このように耳で聞いたものの、すぐに忘れてしまえば、行動に移すことはできません。これでは、時間を浪費することになってしまい、成果を残すこともできません。

多くのビジネスパーソンは、メモを取りながら耳を傾け、相手の表情やジェスチャーにも注意を払います。こうすることで、確実に記憶に残そうとするのです。たしかに情報の理解度は高まります。

しかし、記憶することが目的となってしまうと、相手からさらに深い洞察や、隠れた背景などを聞き出すことはできないのです。

多くの人がこのレベルで頭打ちになっていますが、ちょっとした工夫でもう一歩先へ進むことが可能です。

一流のビジネスパーソンは、相手の話を首で聴きます。

「首で聴く」とは、相手に深い興味と関心を持ち、うなずきながら傾聴するということです。このシンプルながらも強力な動作によって、相手との共感が生まれ、共創関係を築きやすくなります。

この共感と共創の関係が、効率的な情報収集と、速やかな意思決定につながります。

例えば、顧客との商談において、この傾聴スキルを用いることで、顧客の本当のニーズや潜在的な要望を、的確に把握することができます。顧客は「理解してくれている」と感じ、テンションは上がりやすくなり、饒舌に話してくれるようになるからです。

競合他社からの提案状況や、社内の意思決定プロセスなど、想定していなかった有益な**情報を引き出すには、相手に気持ちよく話をしてもらう方がいいのです。**十分な情報を入手できれば、その後の仕事で、無駄なくしっかり準備ができます。

このように、「首で聴く」という動作は、単に情報を収集する以上の効果を生みます。ヒアリング相手と深い関係性を築き、仲間として協働し、結果的に成果を出すことにつながるのです。

こうしたちょっとした行動習慣は、誰もが身につけることができるでしょう。

「うなずき方」の詳しいポイントは、Chapter 6に出てきます。こちらもぜひ参考にしてみてください。

Quickening Strategy

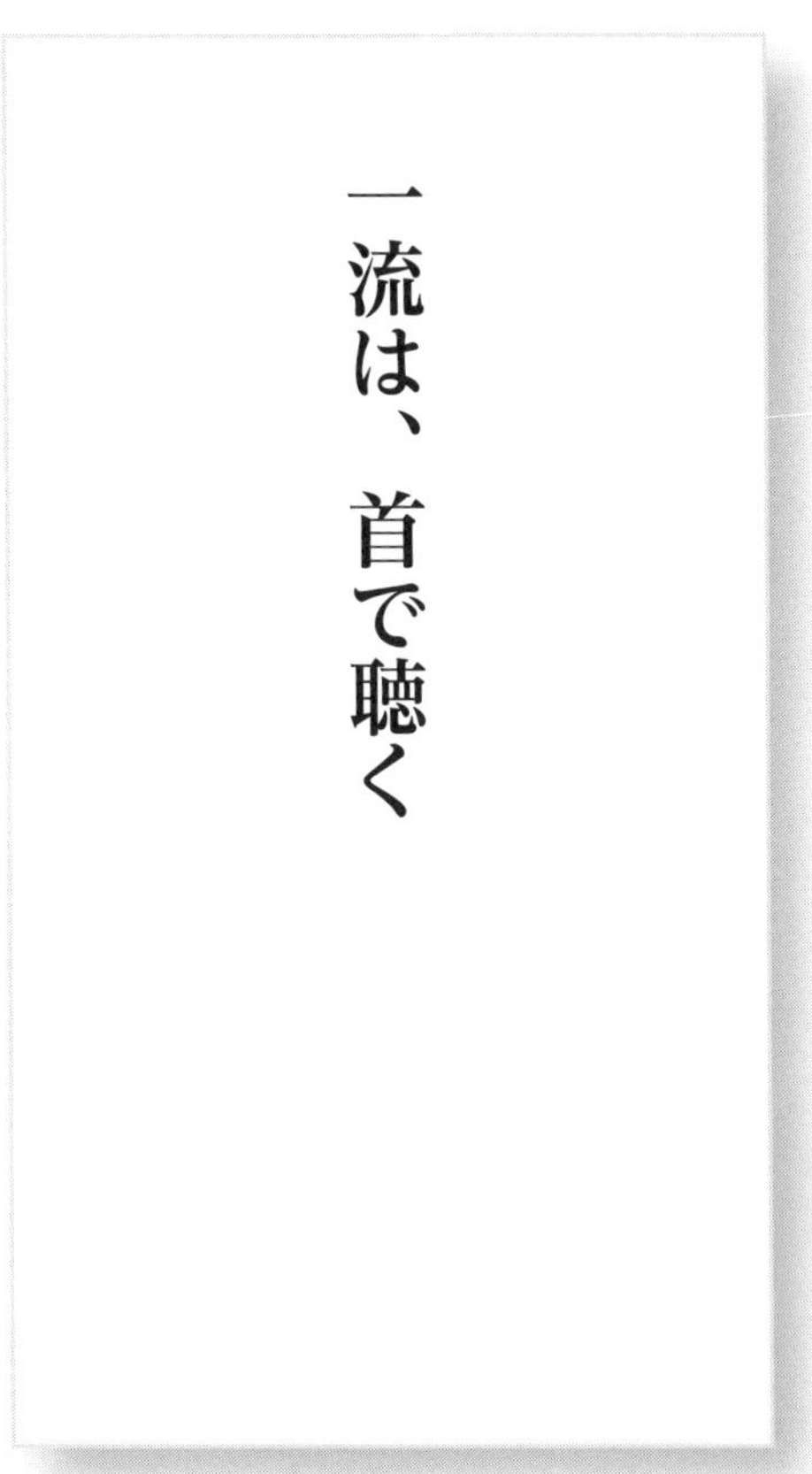

傾聴によって相手との関係性を深め、
有益な情報を獲得する

メモの取り方

三流は、記憶力に頼り、二流は、スマホでメモを取り、一流は、どう取る?

自分の記憶力を過信するのは、大きな誤りです。

心理学者ヘルマン・エビングハウスが行った行動実験によると、人は情報を聞き入れた直後から20分で約42%を忘れ、1時間で約56%を忘れるとされています。

ここから分かるように、何か新しいアイディアや課題が出たとき、その重要なポイントを後で思い出すことはとても難しいのです。

せっかく貴重な情報を得たとしても、それを思い出すことができなければ、時短どころか時間の浪費になってしまいます。

８７６８名の20代・30代を対象に調査したところ、57%がスマホでメモを取ることが分かりました。この方法はたしかに便利で、何かを速やかに記録するには役立ちます。

しかし、スマホのメモアプリは気が散る要素も多く、集中して情報をインプットすることが難しいときもあります。通知がポップアップしたり、他のアプリに気を取られたりと、結局はそのメモが埋もれてしまいがちです。

それでは、一流はどうでしょうか。

成果を出し続けるビジネスパーソンは古典的な方法、つまり**ノートに手書きでメモを取ります。**

何がそんなに違うのか、と疑問に思うかもしれませんが、**手書きで書いたメモの内容は脳により深く刻まれます。**科学的な研究も、手書きのメモが記憶と理解に効果的であることを示しています。

とある小規模な設計会社の社長は、多忙な毎日を送っています。彼が成功を収めている理由の一つが、このノートによるメモ取りです。

会議や商談の場で、彼はいつも専用のノートを開き、話の要点や気づき、これからのアクションを丁寧に書き留めます。飛行機で移動中でも、ゴルフのときでも小さなノートを持ち歩き、気づきがあればすぐにメモを取る習慣があります。後でそのノートを見れば、その日の出来事が如実によみがえります。そして、それを元に具体的なアクションを起こし、事業を成功に導いています。

重要な情報を忘れないためだけでなく、創造的なアイディアや気づきをとらえるためにもメモを活用しているのです。

また、一流はメモをチームと共有することで、チームワークとコミュニケーションの改善にも貢献しています。一流のメモは議論の基礎となり、チームメンバーはそのノートを参照してプロジェクトの方向性を理解し、自身のタスクを明確にすることができます。

ノートを使うことで、デジタルデバイスに比べて気が散る要素が少なく、集中して情報を整理できるというメリットもあります。

このように、単なる記録以上の価値を持つのが、一流のメモです。

効果的な意思決定、クリエイティブな思考、そしてチームとのコミュニケーションを支える重要なツールとなります。

Quickening Strategy

一流は、手書きのメモで発想力を上げる

記憶に頼らず、気づきやアイディアを確実に覚えて活用する

読書

三流は、まったく読まず、二流は、月に1冊熟読し、一流は、どう読む？

読書を習慣にしていない人がほとんどです。

2．1万人のビジネスパーソンを対象にした調査では、年間で読む本の数は平均2．2冊でした。

多くのビジネスパーソンは、読書をすることの重要性には気づいています。

佐藤さんの例を挙げましょう。彼は月に1冊、選んだビジネス書を丹念に熟読します。ただし、その読む速度や選ぶ本が偏っているため、多角的な知識やスキルは身につきません。時間がかかるにも関わらず、その効果は限定的です。

一流は、熟読をしません。月に4冊を飛ばし読みします。

弊社クロスリバーのクライアント企業でトップ5％の人事評価を獲得した方々は、平均で年に48．2冊の読書をしていました。単純計算で、月に4冊ほどの読書を習慣にしていたのです。

さらに個別ヒアリングを行い、一流の意外な読み方を発見しました。それが飛ばし読みです。

序章から一字一句丁寧に読んでいく「精読」ではなく、興味が湧くパートや、自身の業務に関係するパートを選んで読み進めていたのです。目次をしっかりと確認し、自分が必要とする部分だけをピックアップして読むという方法です。

年に48冊も読書する彼らは、以前の読書内容と重なる部分や、自分の生活に関係の薄い部分は読み飛ばしていたのです。飛ばすパートは、まったく読まないというより素早くページをめくるイメージです。

一流が飛ばし読みをする理由は、単に時間を節約するためだけではありませんでした。

彼らは必要な情報を短時間で吸収し、その知識を即座にアクションに移すことを目指し

ています。読んだ本から得た知識を、すぐに自身の業務に適用しようとしているのです。例えば、マーケティング戦略の本を読んだら、その翌日にはすでに新しいキャンペーンの設計を始めています。

一流の読書法が成功につながる背景には、この「適用力」があります。

多くの人は本を読むこと、つまり情報をインプットすることを目的にします。ですから、読後の行動が不足しています。

しかし一流は、情報を効率よく吸収するだけでなく、それを実生活やビジネスに即座に適用する習慣を持っていたのです。業務でアウトプットするために、読書というインプットをしていると答える一流が多かったです。

多くの本を手に取ることで幅広い知識と視野を得て、その上で必要な情報だけを効率よく吸収して、すぐに問題解決に活用する。

この一連の流れが高速で行われるため、一流はつねに先を行く存在となるのです。

Quickening Strategy

一流は、年48冊を飛ばし読みする

重要でない部分を飛ばして読み、
得た知識はすぐに活かす

関係構築時短

上司との付き合い方

三流は、会話を避け、二流は、過剰に気遣い、一流は、どう付き合う？

上司とどう接したらいいのか、何を話したらいいのか、どうしたら評価されるのか。これらは多くの方が抱える共通の悩みです。

上司とウマが合わず、会話を避ける人がいます。

仕事での失敗が怖くて上司に報告をしないことも、このケースにあたります。頑張っているのに評価されないと嘆く人は、このように上司との接点を避ける人が多いです。

うまく付き合おうと気を遣いすぎて摩擦を避けることも、時短にはつながりません。

例えば、Ａさんは上司が提案した計画に疑問を持ちながらも、その場では何も言わずに受け入れました。しかし、後で同僚に対して不満を漏らしていました。摩擦を避けたことで、一時的には平和を保てたかもしれませんが、過剰な気遣いはなくなりません。

各企業が行う会議の39%が、会議のための会議の会議です。文字ぎっしりのパワポ資料や7色のグラフは、上司に対する行きすぎた気遣いにより起こる無駄な作業です。

摩擦を避けたいがために「この情報も必要かもしれない」などといった気遣いが増長し、不必要な作業が増えてしまったら時短はできません。

一流は、摩擦を好みます。

摩擦と衝突は似ているかもしれませんが、実は大きな違いがあります。その違いとは、摩擦には「**違いを受け入れる姿勢**」があることです。

一流は、自分の提案に反対意見を出す上司がいても、その場で直接対決することはありません。しかし、それは決して意見を抑えているわけではありません。

一流は、まず自分の意見や提案が正しいと確信する情報やデータを集めます。

そして、その情報を元に、上司が納得しやすい形で提案を改良したり、新しい視点を加えて再提案したりします。上司が自分と違う意見を持っていても、その現実を受け止めて、その上で相手に寄り添ってコミュニケーションをするのです。

一流の調査で分かったのは、一流が上司だけでなく、すべての関係者とコミュニケーションを取っている点です。

部下、同僚に対しても、みなが共感できる形で情報を整理し、提案します。これによって、上司も彼の意見に対してより開かれた姿勢を持ち、衝突が避けられるのです。

この衝突を避けて、摩擦を好む姿勢は、結果的に時短につながります。多くの時間を無駄な作業に費やすのではなく、効率的なコミュニケーションによって必要な作業を見極められるからです。

また、相手の意見を一方的に拒否するのではなく、まず聞いてから判断する姿勢があるのも一流の特徴です。異なる意見と自分の意見を組み合わせることで新たなアイディアが思い浮かばないか考えているのです。

一流は、上司との付き合い方においても、自らが成長する機会としてとらえています。衝突を避け、異なる意見をぶつけ合った摩擦を生むことで、自分も上司も、そして組織全体も成長する方向へと導いていています。

Quickening Strategy

一流は、衝突を避けて、摩擦を好む

違いを受け入れて、
新たなアイディアを生み出す

上司への報告

三流は、進捗を隠し、二流は、数字や状況を「見える化」して、一流は、何をする？

上司への報告は多くのビジネスパーソンにとって日常的な作業であり、その報告の質が評価に影響を与えることも少なくありません。

成果に伸び悩む人は、報告する際に進捗を隠すことがしばしばあります。例えば、プロジェクトが遅れていることを上司に報告する際、その事実をうまくごまかし、実際よりもポジティブな状況を伝えてしまうようなケースです。結果として、プロジェクトの遅れが露呈した際には、上司だけでなく関係者全員の信用を失ってしまいます。

進捗の「見える化」を意識して報告している人もいるでしょう。

プロジェクトの進行状況や各メンバーのタスクの状況をExcelやプロジェクト管理ツー

ルなどを使って、上司が見えるようにします。リアルタイムで状況を報告している形です。これなら、細かな報告書の作成や報告会議の時間を一時的に減らすことができ、時短につながります。

しかし、これはしばしば形式的なものにとどまりやすいです。上司やチームに、実際に何が必要なのか、うまくいっていないことは何かといった点が伝わりにくく、細かい報告書の提示が求められ、報告の回数が増えてしまうケースが多いのです。

一流が上司への報告で取り組むのは、進捗の「見える化」ではなく「見せる化」です。これは、**ただ単に数字や状況を報告するのではなく、その背後にあるストーリーを効果的に伝える**テクニックです。

例えば、ある通信会社の女性社員は、新しいサービス開発プロジェクトのリーダーとして、上司への報告を任されました。彼女は進捗状況をＩＴツールのダッシュボード機能を使って可視化するだけでなく、それに加えて「**この数字がこうなった背景は何か**」「**その背景にはどんなチームの努力があったのか**」といったインサイトを見せていくことにしました。

さらに、彼女は進捗報告の際に、次に何をすべきか、どのように改善するべきかという提案も一緒に見せていきました。これにより、上司は彼女に非常に高い信頼を寄せ、より多くのリソースやサポートを提供するようになりました。

一流はこのようにして、課題や解決策を能動的に見せていくことで、単なる「状況報告」を超えた「価値報告」をします。その結果、報告が単なる義務や手続きでなく、プロジェクトをより高いレベルに引き上げる手段となるのです。

この一流の報告スタイルは、時短という観点からも理にかなっています。

質の高い報告は次回からの報告作成時間を短縮させ、さらには他のタスクでも信頼をしてもらい、会議や資料のために時間を費やすことが減ります。

上司や顧客と仲良くなることを目指すのではなく、信頼を得て良好な関係を構築できれば、マイクロマネジメント（こと細かな管理）から抜け出すことができ、仕事の仕方の自由度を得ることができます。

自分から課題や改善策を見せることで、自分でコントロールできる範囲を広げていくことができるのです。

Quickening Strategy

一流は、仕事の流れを「見せる化」する

進捗の「背景」「課題」「解決策」を能動的に見せる

部下や後輩との対話

三流は、自分の話を聞かせようとして、二流は、話しつつ相手の話も聞いて、一流は、どう話す？

1on1の時間は、多くのマネージャーとリーダーにとって、「時間がかかるけど重要なコミュニケーション手段」ととらえられがちです。しかし、本当に効果的な1on1の進め方、そしてその「時短」について考えたことはありますか？

ここでは、1on1の際にありがちな失敗と、その解決策をご紹介します。

1on1の際に、一方的に話すリーダーがいます。

しかし、管理職が新人との1on1で、ほとんど自分が話して終わってしまっては、新人には何も伝わりません。具体的な指示、プロジェクトの方針などを伝えても、新人はただ聞くばかりで当事者意識を持てません。

管理職は「しっかりと伝えた」と安堵するかもしれませんが、新人は自分の声が届かないと感じ、徐々にモチベーションを失っていきます。

「自分が話す時間と聞く時間はほぼ半々」というバランスを保つ人もいます。あるリーダーは若手メンバーとの１ｏｎ１で、自分も話しつつ、相手にも話をさせようと心がけていました。ただし、リーダーが話す内容は、主に業績やＫＰＩに関することがほとんどです。メンバー個人の成長や問題点にはあまり触れなければ、個々の成長が見込めません。

２１８社６７８５名を対象にした調査により、１ｏｎ１で業務報告だけをすると、メンバーのモチベーションが大幅に下がることが分かっています。※

一流は、相手に話す主導権を与えます。

会話の７割は、部下や後輩に譲るのです。相手が話している間は、高い集中力で相手の言葉をしっかりとキャッチし、短い質問や確認で会話を深めていきます。

このプロセスを通じて、リーダーはメンバーや後輩が持つ問題意識や思考パターン、そして感情まで理解することができます。

※クロスリバー社調査、2021年5月～2023年3月

特筆すべきことは、相手に7割話をさせた方が、時短につながるということです。

部下や後輩自身が自分で考え、自分で話すことで、内省を促し課題が明らかになります。

そしてその課題に対する解決策も、部下や後輩が自ら考え実行することが多くなるのです。

こうして自律型メンバーが増えていけば、自走するチームとなります。

詳細な指示や細かいチェックを行わなくても、メンバーたちが自発的に行動実験を繰り返し、成功に近づいていくため、管理負荷が減るのです。

その結果、リーダーは具体的な行動計画を練る時間を大幅に短縮できます。

この方法は、1on1だけでなく、普段の会話でももちろん有効です。

相手に話をしてもらうことで、部下や後輩の成長、組織の効率向上、そして上司・リーダー自身の管理能力を高めることができます。

Quickening Strategy

一流は、相手に7割話をさせて、内省を促す

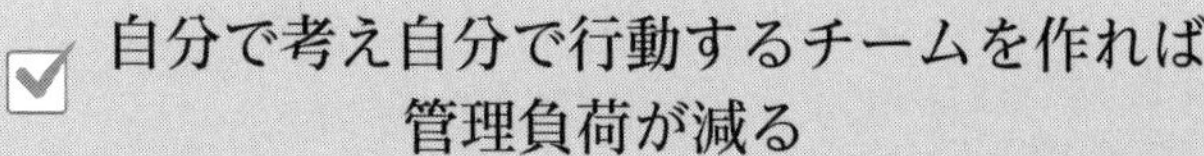

部下や後輩への声かけ

三流は、「最近どう？」、
二流は、「調子はどう？」、
一流は、どう声をかける？

気軽なコミュニケーションにおいても、言葉選び一つで、部下や後輩のモチベーションは変わります。

ただ、部下や後輩のモチベーションを上げるのは容易ではありません。よかれと思ってかけた言葉でガッカリさせてしまうこともあります。また、パワハラと言われないように、上司側が気を遣いすぎて会話が減ることもあります。

どうしたら、双方が気持ちよくなるコミュニケーションを取ることができるのでしょうか。

「最近どう？」、この言葉は日常的に多く使われる一方で、実は効率の悪い声かけであることが1．9万人の調査結果で明らかになりました。この声かけで、部下のモチベーションが下がってしまうのです。また、これだけでは部下や後輩の具体的な状態はまったく分かりません。例えば、プロジェクトが破綻寸前であるとしたら、この質問に対する答えは改善にはつながらないでしょう。

相手の体調に気遣って「調子はどう?」と声をかけることは多いでしょう。部下や後輩が、自分の状態について考えるきっかけを与えられるかもしれません。しかし、まだまだ表面的な情報しか得られない可能性が高いです。

一流は、「先週水曜はサポートしてくれてありがとう」と声をかけます。

このように、具体的な日時と出来事に言及するのです。

この方法は非常に効率的であり、部下や後輩も具体的な状況や行動に対するフィードバックが得られるため、次に何をすればよいのか、どのように改善すればよいのかが明確になります。

この一言はただの感謝の言葉ではありません。

それは一つの短いフレーズで多くの情報を伝え、状況を確認し、そして最も重要なのは、相手に対する評価と感謝を行っていることです。

日常的にこのようなコミュニケーションを繰り返すことで、部下や後輩との信頼関係を築き上げることができます。

信頼関係を築くことができれば、それがさらなる時短につながります。信頼された部下や後輩は自分から積極的に行動し、リーダーが求める結果をより早く、より高い水準で達成するからです。

一流のリーダーが「時短」に成功しているのは、その優れたコミュニケーション能力と深い洞察力に起因します。

自分のことばかり考えず、相手に興味関心を持って接していれば、不要な声かけはなくなります。相手のどういった点を具体的に褒めるべきかを明確にしてから、対話をしてみてください。

具体的な「ありがとう」によって、良好な関係を築いて共創パートナーとして課題を解決していくことができます。ぜひ明日から具体的な感謝で会話を始めてみてください。

Quickening Strategy

一流は、具体的な感謝を伝える

すべてのコミュニケーションは相手に興味関心を持つことからスタートする

話し始め

三流は、ダ行をよく使い、
二流は、ア行をよく使い、
一流は、どう話し始める？

実は、話す言葉を変えるだけで、時短を叶えることができます。

我々クロスリバーでは、39社のクライアント企業に協力してもらい、2．1万人の発言の履歴を調査・分析しました。会議室にカメラを置いて録画したり、オンライン会議の録画データ2．8万時間を解析したり、メールやチャットの文章を解析したりと、あらゆる情報を人間の力とＡＩを使って分析しました。

ダ行に多い「だけど」「でも」「どうしても」といった否定語ばかり使っていると、議論が進まなかったり、ときには人の反感を買ってしまったりして、物事がうまく進みません。

「お疲れ様です」、「ありがとう」、「いつも」といった言葉で話を始めるのが一般的でしょう。2．1万人の調査でも、こうした「ア行」で話し始める人が多かったです。

こういった、礼儀としての「お疲れ様」や「ありがとう」はもちろん重要です。しかし、残念ながらそれだけでは圧倒的な成果を残すことはできません。

605社を調査すると、タスクの7割以上が同僚からの協力が必要であることが分かりました。限られた時間で突出した成果を出すためには、挨拶以上の何かをしないと他人を気持ちよく巻き込むことができません。

一流の人が、話し始めによく使うのは「サ行」です。具体的には、「そうだね、さらに、そもそも、素敵だね、素晴らしい」といった言葉です。

サ行で始まる言葉は、多くの場合深みを持っています。例えば、「**そもそも**、このプロジェクトの目的は何でしょう？」と問いかけることで、会議の全体像を見つめ直すいいきっかけを作ることができます。実際、評価上位のリーダーが仕切る社内会議では、前半に「そもそも」という発言が入る確率が他のリーダーより高いです。

また、アイディア出しの会議、いわゆるブレーンストーミングでは、「**さらに**」が使われるといい案が出やすいことが分かりました。18社で行われた新規商品に関するブレーンストーミングを記録し分析すると、のちにヒットする商品の企画は、誰かの「乗っかりアイディア」であることが多いことに気づきました。「これまでの半分の大きさに……」というアイディアに乗っかって、「さらに小さくして一口で食べられるようにしてもいいのでは」と発言したものが具現化されてヒット商品になったという感じです。

試しに218社で、課題解決会議の前半では「そもそも」を使い、ブレーンストーミングでは「さらに」を使うのがいいとアドバイスしたところ、実際に発言した人の71%が何かしらの効果があったと答えました。

「**そうだね**」で始める会話は、相手の意見や感情に対する共感を示す素晴らしい手法です。これによって相手は自分が理解されていると感じ、心を開きます。

「そうだね」は意見を出してくれてありがとうという意味の反応であり、それを採用するかどうかは別と考えるのが一流です。「そうだね」でまず反応して、その後に評価軸を決めて決断するのです。「そうだね」のファーストリアクションによって、結果的に多くの意見を引き出すことができます。

言葉はただのツールではありません。

一言目の印象が、その後に与える影響は計り知れないほど大きいのです。

Quickening Strategy

一流は、サ行で話し始める

相手のことを考えて、
協力を得るための言葉を選ぶ

相づち

三流は、単調で、二流は、2パターンを使い分け、一流は、どうする？

ビジネスシーンにおいても、日常生活においても、相づちの仕方で人間関係に影響を与えます。ここでは、1．2万人の行動実験で判明したことを紹介します[※]。

最も多くの方がする相づちのスタイルは、単調でワンパターンでした。

「はい、はい、はい」といった形で、相手の話と少し被るように相づちを繰り返すものです。このような相づちは、相手に「自分の話に興味を持っていない」と思われ、「適当に聞き流しているだけだな」と勘違いされてしまいます。これでは、腹を割って話してもらうことが難しくなり、本音や真相を聞き出すことはできません。

少しだけ工夫している人もいます。彼らは「はい、なるほど」といった2つのパターン

※クロスリバー社調査、2018年5月～2023年8月、対象者11,978名

の相づちを用います。たしかにこれは、単調でワンパターンよりはマシです。少なくとも、相手の話に対して何らかの反応を示している形にはなります。

しかし、これでもまだ足りないのです。２パターンの相づちであると、相手の反応はまだドライで、感情を共有し合うことができません。相手の話に対する真の理解や共感は生まれにくいです。

さらに仕事ができる一流は、「はい」「なるほど」「そうですね」と、3種類以上の相づちを使い分けていました。 豊かなバリエーションの相づちで状況や相手に応じることで、聴く姿勢が相手に伝わり、共感と信頼をもたらしていたのです。

一流は、相手の話の内容に合わせた相づちを打ちます。

単に「はい」「そうですね」といった一般的な反応にとどまらず、相手の言葉や感情を反映した具体的な相づちも使うのです。

話を引き出すために、「それってこういうことですか」などと、質問を交えることもあります。 これにより、相手に興味を持っていることを示し、より深い相互理解を引き出せます。

さらに、一流は相づちのタイミングも見極めます。相手の話を遮らず、自然な流れの中で相づちを入れることで、対話のリズムを崩さないようにします。

言葉だけでなく、身振りや表情での相づちも使います。

身体のポーズ、手の動きなども考慮しながら相づちを打つことで、相手はより強く自分が理解されていると感じるのです。これにより、言葉に対する同意や共感を表現し、相手に安心感を与えることができます。

このようにして、相手との信頼関係を築き上げ、対話そのものをより深いものにしていってください。

こうした繊細なコミュニケーションスキルと、相手との関係を深める意識的な工夫によって、最短で深い関係を築けるようになります。

Quickening Strategy

一流は、多様な相づちで、共感と信頼を獲得する

相手と共感し合う聞き方をすれば、
効率的に情報共有ができる

褒め方

三流は、「そのシャツは素敵だね」、二流は、「素敵なシャツを着ているね」、一流は、どう褒める？

ちょっとした褒め方の違いは、相手への影響、最終的には自分自身の時間管理に大きく関わってきます。

同僚や部下、さらにはお客様を褒めるときには、相手のモチベーションが高まるような言い方を身につけたいものです。

ここでは、例として、相手の服装の褒め方を考えてみましょう。

「そのシャツは素敵だね」という言葉は一見心地よく聞こえますが、これは残念ながら三流の褒め方です。表面的な言葉であり、真に相手の内面や努力を評価していないからです。

「素敵なシャツを着ているね」という褒め言葉はどうでしょうか？

相手がそのシャツを選んだという事実を評価しているので、いい褒め方に思えます。しかし、それでもまだ評価の対象は「シャツ」です。

一流は、センスや内面、プロセスを褒めます。

一流のリーダーが「素敵だね、そのシャツを選ぶセンス」と部下を褒める場合、その背後には数々の目的と戦略が隠されています。

このような褒め方は表面的ではなく、相手の内面、特に「選ぶセンス」に焦点を当てています。その結果、相手は単に外見や一時的な成果ではなく、内面や独自の判断力が評価されていると感じます。

相手を正しく認めて正しい言葉を使うことで、相手はモチベーションを高めて気持ちよく仕事に取り組みます。自分自身を高く評価してくれる人に対しては、より一層その期待に応えようと、自発的に努力を重ねるからです。

これは、時短にも非常に寄与する要素です。

相手が自発的に動いてくれれば、自分が手を回すことが減少し、それが結果的に全体としての効率を高めるので、時短につながるのです。

さらに、一流はこの「褒める技術」を、組織全体で浸透させる力も持っています。

その方法は多岐に渡りますが、一例として、大勢がいる場で部下や後輩を褒めることが挙げられます。

公開の場での賞賛は、褒められた人だけでなく、その場にいるすべての人にいい影響を与えます。これは集団内でのポジティブな文化を形成し、結果として時短にもつながるのです。

一流の褒め方は、一見単純な行動かもしれませんが、その影響は計り知れません。

人々のモチベーションを高め、自発的な行動を促すことで、組織全体の効率が上がります。

Quickening Strategy

一流は、内面とプロセスを褒める

正しい承認と言葉選びが相手の
モチベーションをアップさせる

Chapter 6

巻き込み時短

依頼

三流は、内容だけ伝えて、二流は、「重要」と冒頭に入れて注意を引き、一流は、どう依頼する？

「お忙しい中、すみませんが……」

こんな依頼文を送った経験、一度はありませんか？

なかなか思い通りの返答がもらえず、再度「メール見ていますか？」という確認メールを送ってしまうことも。受け取った側も「ああ、また一仕事増えた」と少し疲れて放置してしまう。こうしたメールで時間とやる気が奪われてしまうことは、よくあります。

そのまま要点をズバリと伝える依頼文を送っても、返答は思わしくないことがあります。「やってください」と頼むだけでは、相手の感情と行動を動かすことはできないからです。

依頼文の冒頭に「重要」という言葉を使って、相手の注意を引こうとするメールもよく見ます。たしかにこれによって、「この依頼は重要だ」ということは伝わるでしょう。しかし、それがどれほど「相手」にとって重要なのか、という点には触れられていません。

また、「重要」というタイトルのメールを4件くらい受け取ると、見慣れてしまい「重要」とは思えなくなってしまいます。「また重要メールが来たか……」と相手をうんざりさせてしまうのです。

依頼文の冒頭で「相手のメリット」をしっかりと書くと、当事者意識を持ってもらうことができます。

例えば、「貴社の広告宣伝にぜひご活用いただける案件です」「このプロジェクトに参加していただけると、貴方のスキルがさらに高まる絶好の機会です」といった形です。相手が何を得られるのか、その点を明確にします。

相手のメリットを先に述べることで、その人が積極的になり、「依頼を受けたい」というモチベーションを上げることができます。結果として、継続的に依頼に協力してくれるようになるのです。

そして、一流はその一文にとどまりません。

具体的な期限や、相手がその仕事を完了した際の評価基準も明確にします。その上で、依頼文にはその人の過去の成果や経験を引用して、「あなたならできる」という期待と信頼を込めるのです。

さらに、一流は依頼後のフォローアップも怠りません。状況に応じて進捗を確認し、必要なサポートを提供します。また、依頼が完了したら、その成果を評価し、フィードバックをしっかりと行います。

このように一流は、一つひとつの依頼文からも相手に尊重と価値を感じさせる工夫を凝らしています。

そして、その結果として彼らが手に入れるのは、相手からの信頼と時間生産性です。依頼をしたときに即座に返答してくれる人が増えれば、催促する時間や返答の待ち時間が減ります。

依頼方法一つ取っても、その質が仕事の質、そして結果に直結しているのです。

Quickening Strategy

一流は、相手のメリットを冒頭に書く

メリットを先に出すことで、
積極的に受けてもらえる

質問

三流は、「詰問」で相手を追い詰め、二流は、「質問」で知りたい情報を得て、一流は、どう聞く？

「質問」に、どれだけの力が詰まっているか知っていますか？

実は、質問は対話の質を高め、思考の深化を促し、そして人々の心を動かす強力なコミュニケーションツールなのです。

「どうなっているんだ？」と真っ先に結果を聞く質問は、非難や攻撃的な意味を持っている場合が多く、相手を追い詰めます。これを詰問と言います。詰問は、相手にプレッシャーをかけ、守りの姿勢にさせるため、建設的な対話ができなくなります。

相手の返答が理解できないときに「どういう意味ですか？」と聞くことはよくあるでしょう。こうした分からないことを聞く「質問」によって、情報の確認や認識の整理ができます。たしかに、これは詰問よりはるかに建設的で、対話を進める上で有用です。

しかし、このような質問には限界があります。こうした質問は「答え」があることが前提で聞くものであり、「答え」が分からないときや「答え」が複数あるときには、返答が難しくなるからです。

一流は、質問ではなく発問によって対話を引き出します。

質問は「情報を得る」ためのものですが、発問は「主張や提案、問題を提示する」ためのものです。

「これって、どういう意味でしょうね、一緒に考えましょう」という風に、抱えている問題に共感し、一緒に考えて解決策を共創するスタンスを取っています。

発問にはいくつかの特徴があります。

第一に、相手を尊重し、その意見や考えに価値を見出そうという姿勢があります。

これによって、相手は自分が尊重されていると感じ、よりオープンで前向きな対話が可能となります。

また、発問は問題解決につながるような開かれた形を取ります。答えが一つであるような閉じられた質問ではなく、「△△**の改善に向けて、どんなことが考えられますかね**」といった多くの可能性を探るような質問です。これにより、真の意味での共創が生まれます。

さらに、発問は対話の参加者全員に対して行われます。

一流のビジネスパーソンは、相手を萎縮させることなく優しい感じで「**〇〇について、どのようなことが思いつきますか?**」と発問して、チーム内外の人々を巻き込み、多角的な視点や多様なスキルを取り込もうとします。

発問は自分自身にも問いかけるものです。一流は自己認識が高く、自分自身の思考や行動、感情に対してもつねに発問を投げかけます。「**次に学ぶべき新しいスキルは何か**」などの発問により、自己成長という最も価値のある「答え」を見つけ出すのです。

発問を通じて、独自の視点を持ち、多くの人々と深い関係を築き、そして何より自分自身を高め続けることができます。

このような問いかけ方法を理解し、実践することで一流に近づくことができるのです。

Quickening Strategy

一流は、「発問」で相手との対話を引き出す

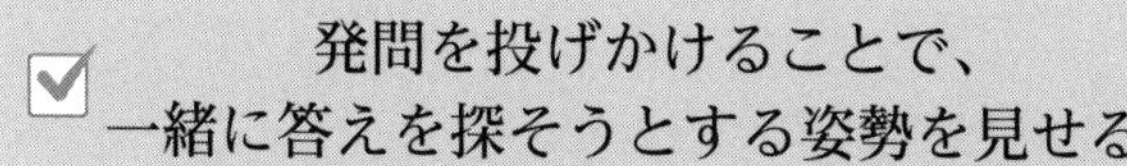
発問を投げかけることで、
一緒に答えを探そうとする姿勢を見せる

教え方

三流は、相手からの質問をただ聞き、二流は、すぐに答えを教え、一流は、どう教える？

部下や後輩の指導に多くの時間を費やしているものの、成果が出ない。このような悩みを持つ方は少なくないでしょう。時間を効率的に使い、それでいて成果を上げるには、指導の仕方に工夫が必要です。

部下や後輩からの質問を受けた際に、「それってどういうこと？」というように、その質問の意図を深く聞くのはおすすめできません。

質問の意図だけを聞いていると、解決すべき具体的な問題点や、背後にある課題に気づきにくいのです。

部下や後輩からの質問に対して、すぐに答えを教えてあげるのが一般的でしょう。いわゆるティーチ（Teach 教える）です。これは緊急度が高いときには有効です。しかし、他の問題が発生したときも、また同じように指導者の助けを求めるようになります。自分で答えを導き出そうとせず、先輩や上司の答えを当てにします。

これでは、言われたことしかやらない受け身の姿勢が身につき、長期的な成長は望めません。

一流は、答えの出し方を教えます。 いわゆるコーチ（Coach）です。

具体的な答えを与えるのではなく、問題解決のフレームワークや思考のプロセスを提供します。これによって、部下や後輩は自ら考え、自ら行動する能力が高まります。

例えば、新しいプロジェクトの計画方法、顧客との交渉術、リーダーシップの取り方など、具体的なスキルや状況に応じた対処法も一緒に教えます。

「そのアイディアはいいですね」「さすがですね」「さらによくするためには何か考えられますかね」と相手を認めた上で、一緒に考えるのです。

さらに、一流は自分自身も成長し続けようとします。

そのために、定期的なフィードバックや内省を欠かしません。

部下や後輩への指導だけでなく、彼らからのフィードバックを真摯に受け入れ、それを次の指導に活かします。これこそ、一流が部下や後輩とともに成長し続ける秘訣です。

一流は、効率的な時間の使い方で、多くの部下や後輩を一度に指導することもします。そのため、短期間で大きな成果を上げることができるのです。

具体的には、必要な指導を一度にまとめて行う、個別の指導の代わりにグループでの指導を行うなどです。

このように、一流は指導の仕方においても非常に高いレベルでのスキルと認識を持っています。そのため、彼らが関わる部下や後輩は、高いレベルで成長し続け、その結果として組織全体も強くなるのです。

一流に近づくために、このような多角的な視点とスキルをぜひ磨いていきましょう。

Quickening Strategy

一流は、答えの出し方を教える

一方的に答えを教えるだけでは、
部下や後輩は育たない

うなずき

三流は、あまり反応せず、二流は、賛成に対してしっかりうなずき、一流は、どううなずく？

何気ない日常の動作である「うなずき」。

しかし、その一つひとつが他人とのコミュニケーションにおいて、意外と重要な役割を果たしています。

うなずきが少ないと、意見に対しても無反応に見えて、相手とのコミュニケーションがスムーズに進まないことがよくあります。

本人が意識していなくても、相手にとっては不安な存在として目に映るのです。

賛成意見や自分が望む答えに対しては、しっかりとうなずく人が多いのではないでしょうか。

しかし、反対意見や意見の相違に対しては、その反応が鈍くなります。相手にとっては、話がスムーズに進む場面も多く安心感はありますが、あまり深い関係性は築けません。

一流は、反対意見に対してもうなずきます。

反対意見を出してくれたことを承認する意味でうなずくのです。相手の意見を尊重しているというメッセージともなり、発言しやすい空気を作ります。

例えば、ビジネスミーティングの場では、アイディアを出す時間（発散）と決める時間（収束）を分けます。

前者では多くのアイディアを募ることがゴールですので、「何でもよいからアイディアを出してみてください」と呼びかけます。**自分とは違う意見であっても、うなずいて「反応」することで安全な空気を作り、多くの発言を促します。**アイディアがたくさん出た後に、評価基準を決めて「決定」するのです。

このように、一流は「決定」のうなずきではなく、「反応」としてのうなずきをすることで、限られた時間で発散と収束を終えるのです。

ある製造業のお客様で、新商品開発のブレーンストーミングで決定することを禁止する行動実験をしました。アイディアを出してもすぐに否定する年配者が複数いたので、アイディアを出す発散時間と決める時間を分けるルールにしたのです。

すると、**以前よりも出されるアイディアの量が2倍以上**になり、その中にいいアイディアが含まれている確率が高まっていきました。「いいアイディアを出してください」と言うと恐縮して意見が出にくかったのですが、「否定しないのでどんなものでもアイディアを出してください」と声かけをしたら、アイディア量が増えたのです。

このルールの下で行われたブレーンストーミングを計120時間以上記録して分析したところ、どのようなアイディアでもうなずく人が増え、発言者も発言数も増加していました。こうしてアイディアがたくさん出るようになると、予定された時間よりも早く会議が終わることが分かりました。意見を出しやすい空気を作ったことで、「会議の時短」につながったのです。

このように、一流は、ただ時間を「節約」するだけでなく、その時間を「有意義に使う」方法を実践しています。そして、それが真の「時短」であり、一流と呼ばれる所以なのです。

Quickening Strategy

一流は、反対意見にもしっかりうなずく

うなずきは、同意の意味だけでなく、
発言しやすい空気も作る

長話への対処

三流は、放置し、二流は、間を見て止めようとして、一流は、どうする？

想像してみてください。

毎週月曜日の朝、9時半から週次会議が始まります。そして、上司がまた同じ話を始めます。

「みなさん、数字を上げるためにはコミュニケーションが大事です。コミュニケーションとは……」何度も聞いたことのある内容。この瞬間、「またこの話か」とその場にいる人は心の中で溜息をつくでしょう。

小学生のとき、校長先生の長話を苦痛に感じていた人は、多いのではないでしょうか。夏の暑い日に外に立たされて、同じ話を何度も繰り返して聞くのは苦行そのものだったと思います。この状況は、職場でも起きています。

２１８社を調査すると、管理職が一方的に話し続けるのを聞くのは苦痛だと感じる社員は、87％に上りました。一方で、その長い話を止めるのは現実的には困難です。評価者である上司に立てつくと、不利なことが起きると考えてしまう人が多いのです。

しかし、上司の暴走を放置してしまうと、ただ時間が無駄にすぎていきます。これがもし日常的な出来事であれば、その累積は計り知れません。この種の放置は、効率性が損なわれるだけでなく、チームの士気にも影響を与えかねません。

割って入る間（ま）を見て発言しようとしても、リスクが伴います。上司がその場で不機嫌になる可能性もあり、それが後で仕事に影響を与える場合もあるからです。

一流は、「ありがとうございます」と言って上司の暴走を止めます。

感謝の言葉を添えて上司を止めるのです。「ありがとうございます、その点は大変重要ですね。ただ、時間も押しているので、次のアジェンダに移りませんか？」といった具体的な提案も一緒に行うことで、上司もスムーズに話を終えるきっかけを得ます。

一流が上手に時間を節約する理由は、無駄なことをやめようとする覚悟とスマートさがあるからです。

感謝の言葉を選ぶことで、上司も無意識にその話を区切るきっかけになります。そして、その後の会議がスムーズに進むため、全体として時間を節約できるのです。

相手を不快に思わせずにコミュニケーションを取る技術は、他の多くの場面でも同様に効果を発揮します。

例えば、プロジェクトが遅れそうなときは、チームに対して具体的な指示を出すだけでなく、その指示がなぜ重要なのか、どういう結果を期待しているのかをしっかりと伝えてみてください。その結果、チームメンバーはその重要性を理解し、より早く、かつ質の高い仕事を行うことができます。

時短とはただ単に「速さ」だけではなく、「品質」も同時に追求するものです。

そしてその両方を満たす方法が、一流のコミュニケーションに隠されているのです。

Quickening Strategy

一流は、「承認＋指摘＋承認」の承認サンドイッチで止める

相手の状況を見て不快にさせずに
行動を変えることで、時短を実現する

Chapter 7

ツール時短

ファイルの探し方

三流は、勘に頼り、二流は、当たりをつけて探し、一流は、どう探す？

デジタル時代の今、ファイル管理は、日常業務において非常に重要なスキルとなっています。

ビジネスパーソン17．3万人を対象に調査したところ、1週間の労働時間のうちファイルなどの社内情報を探す時間が2．9時間もあり、その探す時間は年々増えている傾向にあることが分かりました。

ファイルを探す際に、直感に頼っていると予想以上に時間がかかります。

フォルダ名にキーワードをつけたり、種別や作成日の情報を統一したルールでファイルの名前をつければ、探す時間を短くできます。

しかし、フォルダやファイルの整理方法が一貫していなかったり、過去のファイルは整理されていなかったりするので、結局は「当たり」をつけて探すことが多くなってしまいます。

「このファイル、プロジェクトAのときに使ったはずだから、そのフォルダ内かな？」といった具体的な目星をつけて探すスタイルです。これでは効率がいいとは言えません。

一流は、システムを駆使して効率よくファイルを探します。

ショートカットキーに複数キーワードを入力することで、効率よく探すことができます。

Windows の場合は「Windows ＋ Q」、Mac の場合は「Command ＋ F」を使用して、必要なファイルを瞬時に見つけ出します。

これにより、ファイル名はもちろん、ファイルの内容、関連するメールやアプリケーションまでをも一元的に検索できるのです。

一流が検索する際に特徴的であるのは、複数検索を多用することです。

Windows ＋ Q で検索バーを瞬時に呼び出したら、そこに2つ以上のキーワードを入れて目当てのファイルを瞬時に見つけ出すのです。

例えば、「企画書」と入力して検索すると、企画書に関するメールや、企画書で使ったExcelデータなど多種多様なものが候補に挙がってきてしまいます。この中から目で探すのは、時間も労力もかかります。

そこで、目当ての企画書そのものを探し出す場合、「企画書 pptx 2023」などと入れるのです。複数のキーワードを入れることで、検索対象が絞られ、表示される候補を絞ることができます。

このように検索結果を絞ることで、最終的にたどり着きたい情報に最短距離でアプローチすることができるのです。

一流は日々膨大な情報に触れ、多くのタスクを処理していますが、そのすべてが無駄なく、計画的に行われます。

探し方一つ取っても、その人がどれだけ仕事ができるかが表れています。日常的な小さな行動の積み重ねが、確実に時短につながるからです。

一流はその事実を深く理解し、日々の行動に活かしているのです。

Quickening Strategy

一流は、ショートカットキーと複数キーワードで探し出す

整理されていなくても探せる
仕組みを作ることで時短できる

アプリの立ち上げ方

三流は、メニューから探して、二流は、デスクトップがショートカットだらけで、一流は、どう立ち上げる？

あなたがどれだけ優れたツールを持っていても、それを効率的に活用できなければ意味がありません。

例えば、一番頻繁に使うアプリケーション（以下、アプリ）の起動方法一つを取っても、スキルレベルの違いが如実に表れます。

パソコンの初心者は、アプリを起動するたびにスタートメニューやフォルダを開きます。そこから必要なアプリを探し出し、クリックして起動。これで確実にアプリは起動しますが、何度も同じ操作を繰り返すことで無駄な時間が積み上がっていきます。

よく使うアプリのショートカットを、パソコンのデスクトップに配置している人は多くいます。すぐに目で確認できるので、アプリを探す時間は短縮できます。しかし、デスクトップがファイルやフォルダなどのショートカットで埋め尽くされてしまうと、目的のアプリを探す時間は増えてしまいます。

一流は、タスクバーからショートカットキーで起動します。

最も頻繁に使用するアプリはタスクバーにピン留めし、さらにはショートカットキーを使って瞬時に起動できるようにしているのです。

Windows パソコンの場合は、Windows ボタンと数字を押すことで、タスクバーに配置されたアプリを瞬時に起動できます。例えば、電卓アプリを起動する場合、タスクバーで左から4番目にピン留めしていれば、「Win（Windows キー）」＋「4」を押してすぐに起動できます。

Win +数字

タスクバーのアプリを起動

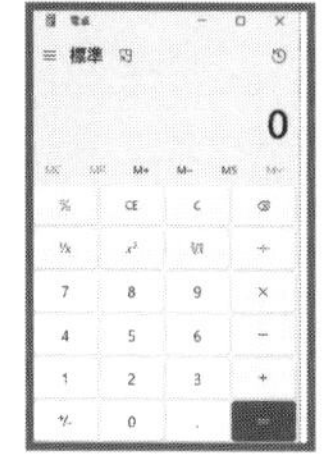

この方法を取ると、マウス操作がほとんど不要で、物理的な動作を極限まで減らすことができます。

加えてこの方法は、**単に時間の節約にとどまらず、作業の流れをスムーズにし、集中力を維持することにもつながります。**

ショートカットキーを使用することで、手をキーボード上に保持し続けることができるので、作業の中断を最小限に抑えることができます。

また、肉体的な負担の軽減も大きなメリットです。マウス操作は、長時間行うと手首や腕にストレスを与えることがありますが、ショートカットキーを利用することで、これらの負担を減らすことができます。

このショートカットは、見かけ上は小さな時間の節約かもしれませんが、一日、一週間、一年と積み重ねていくとその効果は計り知れないものがあります。

ぜひ今日から試してみてください。

Quickening Strategy

一流は、タスクバーから ワンタッチで起動する

手の負担を減らすことで、
集中力の維持にもつながる

ショートカット

三流は、ショートカットを覚えず、二流は、できるだけ多く覚えようとして、一流は、どうする?

キーボードショートカットの使い方だけでも、人によって大きな差があります。例えば、あなたが「Ctrl + C」(コピー)と「Ctrl + V」(ペースト=貼り付け)だけを知っているなら、それはある意味では時短につながっています。

しかし、実際にはこれ以上のショートカットがあり、それを知らないことで失われる時間は想像以上に大きいのです。

とは言っても、ショートカットを覚えれば覚えるほど、その効果が増えていくわけではありませんでした。いったいどうしたら、キーボード操作で効率と効果を上げていくことができるのでしょうか。

当然ながら、ショートカットをほとんど使わない人は、効率が高いとは言えません。ショートカットキーがあるのにまったく使わないのは、エレベーターがある高層ビルをわざわざ階段で上るのと一緒です。

たくさんのショートカットを覚えようと努力する人はたくさんいます。「ショートカット大全」といったマニュアル本を買った経験がある人も、多いのではないでしょうか。私は過去に4冊も購入しましたが、ほとんど活用できませんでした。

ショートカットキーは、たくさん覚えれば覚えるほど生産性が上がると考えがちです。しかし、このアプローチには落とし穴があります。それは、必要ないショートカットまで覚えてしまい、結局どれが本当に役立つのかを見失ってしまう可能性があることです。また、ショートカットキーを覚えることが目的になってしまうと、時短にはつながりません。手段を目的化すると、実現したいことが達成できず、学習時間は浪費となるのです。

一流もショートカットキーを学んでいます。しかし、できる限り多くのショートカットキーを覚えようとは思いません。

タイパ（時間生産性）の観点から**「必要最低限のショートカットだけを覚える」**という方針を採ります。それだとタイパを確実に上げることは無理ではないかと思えますが、実はその選び方に高度な戦略があります。

一流はまず、自分がどのような作業に最も多くの時間を費やしているのかを明確にし、その作業を効率化するショートカットを選びます。次に、そのショートカットが実際にどれほどの効果をもたらすのかを計測し、絶えずその効果を評価、再評価します。

このような方法で、必要最低限のショートカットを継続的に見直しているのです。

さらに一流は、ショートカットを単なる「操作の省略」だとは考えません。彼らにとって、ショートカットは「目的までの最短ルート」なのです。

ですから、新しいショートカットを知っても、すぐに記憶しようとしているわけではありません。その新しいショートカットが、現在使用しているショートカットよりも効果が高いと確信した場合のみ、学習します。

この「必要最低限の効率化」こそが、一流が持つ最も重要な特性なのです。

Quickening Strategy

一流は、必要なものを見極めて習得する

必死に覚えても、
それを使わなければ意味がない

共同作業

三流は、ファイルをメールに添付し、二流は、ファイルをクラウドに置き、一流は、どう作業する？

日々の業務で感じる、共同作業の煩わしさ。

案外時間を食ってしまうこの作業に、あなたはどれだけ効率的に取り組んでいますか？

メールに添付して送ったはずのファイルが大きすぎて送れなかった、クラウドに置いたデータが他のメンバーから見つけられなかった……。

そういった小さなストレスが、積み重なると大きな無駄時間に変わってしまいます。

古くからの方法であるメールでのファイル送信。

この方法は、ファイルの容量制限や、相手がファイルをダウンロードしなければならないなど、いくつかの問題点があります。

多くの方が利用するクラウドストレージは、インターネット環境があればどこからでもアクセスでき、分散したメンバーと共有することもできます。

容量問題はクリアできますが、場合によっては共有設定や、どのフォルダに何があるのかを把握するのが難しく、結局は効率的とは言えない場合も多々あります。

メールではなくTeamsなどのビジネスチャットを活用すれば、関係者とリアルタイムで共同編集を行うことができます。

これにより、編集履歴が一目で分かり、即時のフィードバックが可能となります。複数人での作業もスムーズに進行するのです。

ビジネスチャットでの共同編集は、その使い方一つで作業の効率が大きく変わります。

例えば、**編集中のドキュメントにコメントを追加するだけでなく、そのコメントに具体的な行動事項を明記し、誰が何をすべきかを明確にします。**また、期限もしっかりと設定して、全体の作業がスムーズに進行するようにします。

さらに、一流は「文化」を作り上げる能力も持っています。

どういうことかと言うと、共同作業のルールを明確にし、それをチーム内で共有することで、新しいメンバーが参加した場合でもすぐに作業に取り組めるような環境を整えるのです。

何より重要なのは「柔軟性」です。状況に応じて、作業の方法を変えられる柔軟性を持つようにしてみてください。

もし、ビジネスチャットでの共同編集が不可能な状況であれば、別の効率的な方法を即座に考え、それを実行に移すようにします。

このような柔軟性も持つことで、一流は時間を大幅に節約し、その節約した時間を、他の重要な仕事やプライベートの時間に充てています。

そういった意味でも、時間管理とはただの「作業効率」を追求するだけでなく、より高い「クオリティ」を追求するものと言えるでしょう。

Quickening Strategy

一流は、チャットで共同編集する

☑ コミュニケーションツールの特性を理解し、状況に合わせて最適な手段を選ぶ

電話

三流は、番号を探すのに時間がかかり、二流は、電話帳を見てすぐに電話をかけ、一流は、どう電話する?

コロナ禍をきっかけに、テレワークが浸透しました。

自宅からでも仕事ができるように、固定電話を業務用スマートフォンへ変更する企業が増え、またビジネスチャットの普及により音声電話そのものの量が5年前より60%以上減っています。

しかし、緊急時や取引先とのコミュニケーションではまだ電話を使っているのが現状です。この電話のやり取りでも、時短に大きな差が生まれます。

相手の電話番号を探すのに時間をかけてしまうのは、非常にもったいないです。

紙の名刺、古いメール、またはメモ帳など、情報が散らばっていると、単純な作業であるはずの電話かけが時間の浪費につながります。

こんな例があります。

ある印刷業の営業マンが重要なクライアントに連絡を取る必要がありました。しかし、名刺が手元になく、結局20分以上もその電話番号を探す時間を無駄にしました。その間にも、他の営業マンが先に連絡を取り、取引は他社に持っていかれてしまいました。

多くの方は、業務用の携帯電話にある電話帳を管理しています。一つひとつの名前と番号が登録されているので、必要なときにすぐに電話をかけることができます。

しかし、電話をかけても相手が取ってくれるかは分かりません。すぐに電話をかけることができても、相手が受けてくれなければ、留守番電話にメッセージを入れて返答を待つことになります。実は、この「待ち時間」が時短を阻害するのです。

一流は、相手の状況を見て電話をします。

電話の使用で真に差をつけるのは、到達時間です。取りたいコミュニケーションが完結するまでの時間を到達時間といい、これを短くしようとするのが一流です。彼らは、「相手のプレゼンス（状態）を確認してから電話をかけるのです。

多くのビジネスチャットツールには、「オンライン」「会議中」などが分かるプレゼンス機能がついています。その機能を使って、相手の状況を把握することができます。

相手がオンラインなのか、会議中なのか、対応不可なのかを、事前に確認します。その**相手の状態に応じて、電話が最適な手段なのか、それともメッセージで済むのかを判断します。**

ある製造業の中堅・中小企業では、社長が重要な取引先との最終交渉を控えていました。社長はビジネスチャットのプレゼンス機能を活用し、その取引先の担当営業がオンラインで作業していることを確認。そのタイミングで電話をかけ、取引先のキーパーソンの情報を即座に獲得して準備ができたので、スムーズに交渉を進めることができました。

このように、一流は、ただ電話をかけるだけではなく、相手の状態とタイミングを考慮してコミュニケーションを取ります。これは単なる効率性だけでなく、相手との信頼関係を深めるための重要なステップでもあります。

電話一本でも、一流とそれ以外の差は如実に表れています。あなたも一流の方法を取り入れて、ビジネスでのコミュニケーションを次のレベルへと引き上げてみませんか。

Quickening Strategy

一流は、相手の状況を見てから電話をする

タイミングを考慮して、
最短距離で相手とつながる

ビジネスチャット

三流は、メールと同じように書き、二流は、要点を先に伝え、一流は、どう使う？

ビジネスチャットは、社内メールを平均49％も減らし、社内会議も25％も減らすといった時短効果があります[※]。

しかし、その使い方を間違えると、時短はできません。ビジネスチャットで業務効率を上げている組織を見ると、**チャットの送り手が時短のカギ**であることが分かりました。

メールと同じように、丁寧で長い文を送ると、効率を落とします。

「○○担当課長代理、お疲れ様です。営業本部　営業開発グループ　担当部長代理補佐の□□です。先日の合同会議に参加いただき、誠に有難うございました……」

このように、堅苦しいチャットを送るのはNGです。こうしたチャットを受け取ると、相手はうんざりして放置してしまいます。

※クロスリバー社調査、2020年9月、対象1921社

要点を先に伝えるのは効率的です。「要は何か？」を理解できないと、相手は残りの文章を読んでくれません。各企業の意思決定者826名にインタビューしたところ78％は10秒以内に要点を探し、それを理解すると残りの文章を読むことが判明しました。

しかし、場合によっては突然チャットが来て驚く人もいるかもしれません。唐突なメッセージは相手を戸惑わせて、ときに不快な感情を持たせてしまいます。

一流は、チャットでまず「今ちょっといいですか」と聞きます。

この一言を挟むことで、相手が他の作業に集中している場合でも、その人が気を取られることなく、リズムを保てます。これは特に、リモートワークで分散したメンバーたちとコミュニケーションを取る際に有効です。

しかし、単に一言お伺いを立てるだけで一流になれるわけではありません。

一流のメッセージには、必ず「目的」と「重要度」が含まれています。例えば、相手に対して、このメッセージに何分何秒の時間を使ってほしいのかを明示することで、相手もその時間だけ集中してメッセージに応じることができます。

また、絵文字や「！」など記号を使って、**明るい感情が伝わるような文章を送っていいま**

す。ささいなことに感じるかもしれませんが、こうした積み重ねで相手と感情を共有することができます。そうした関係を作ってしまえば、少ない情報で伝わることが増え、結果的に時短につながるのです。

さらに、相手のオンライン状況が確認できる「プレゼンス機能」を使えば、相手の状況に合わせて、コミュニケーション手段を選ぶことができます。相手がオンラインであれば、90秒以内に返答が来る確率は75％以上となり、即座に情報をもらうことができます。[※] 下記の調査結果も参考にしてみてください。

相手の状況を踏まえて使えるビジネスチャットの活用によって、メールよりも短時間で、そして確実に問題を解決することができます。

プレゼンス確認で待ち時間が減る

相手のプレゼンスを見て最適なコミュニケーション

連絡が完結する時間が26%減る
メッセージの入力時間が32%減る
メッセージを見る時間が11%減る

社内メールが減る
社内会議が減る

※クロスリバー社調査、2023年、対象106社7865名

Quickening Strategy

一流は、「今ちょっといいですか」と相手の状況を確認しながらチャットする

プレゼンスに応じたメッセージを送ることで相手は心地よく対応してくれる

大きいファイルの共有

三流は、USBメモリを郵送し、二流は、ファイルを圧縮して、一流は、どうする？

いつものように業務報告書を作成していると、気づくとそれが100MBを超えてしまいました。あなたはどうしますか？

今、この瞬間にも、どこかで同じような問題に直面しているビジネスパーソンがいることでしょう。その解決手段としていくつかの手法がありますが、安全でかつ効率的な方法を選ぶのが一流なのです。

大きなファイルを相手に送る方法として、USBメモリに保存して郵送している人が各企業に一定数います。セキュリティを考えてメールやインターネットストレージサービスを使わないで情報を共有するためです。しかし、この方法は非効率そのものです。

次によく取る手法が、大きなファイルを圧縮ソフトで小さくしてから、メールで送る方法です。

たしかに郵送よりはマシですが、圧縮に時間がかかりますし、相手が回答するための手間もかかります。また、メール自体が容量制限に縛られる場合が多く、それ以上の大きさのファイルはどうしても送れません。

一流は、クラウドのＵＲＬを共有します。

クラウドストレージを用いることで、容量の大きいファイルを効率よく、安全に送ることができます。

まず、OneDriveやBox、Google Driveなどのクラウドストレージにファイルをアップロードします。その上で、共有設定をします。アクセスできる人、アクセス期限、ダウンロードの可否などの設定をします。その設定によって生成されたＵＲＬを相手に送るのです。

クラウドストレージによっては、ファイルの変更履歴を保存できる場合があります。これは、何か問題が発生したときに原因を特定するのに非常に有用です。また、クラウドストレージを用いることで、物理的な場所に縛られずにどこからでもアクセスができます。

さらに、一流はクラウド上で共有するだけでなく、同時に複数人が編集できるような設定をして共同作業を加速させます。こうすればお互いのファイルを送り合う手間を省き、一つのファイルを複数名で編集して、クラウド上で完成させることができます。

このようにクラウドストレージでの共同作業を行うと、メール添付で作業するよりも25％以上時短できることが、39社の行動実験で明らかになりました。

容量の大きいファイルを共有するという、一見単純なタスクにおいても、効率と効果を同時に高める方法をつねに追求してみてください。

このような積み重ねが、一流の人たちがつねにトップを走り続ける理由の一つなのです。

Quickening Strategy

一流は、クラウドで共有し、共同作業も行う

効率と効果を考えると
クラウドストレージの活用は必須

時短思考

タスク管理の考え方

三流は、量の多さに不満を言い、二流は、計画通りに進めようとして、一流は、どうする？

資料作成や会議の準備、取引先の対応……気がつくと積み重なっているタスクに、ストレスを抱えている人は多いでしょう。

タスク管理の基本は自己管理であり、自己管理の基本は自己認識です。

自分の行動、思考、感情を認識し、それを自分自身でコントロールすることがタスク管理の一歩となります。

「キャパを超えた仕事によってタスクが遅れる」「他人のミスで仕事が進まない」などと愚痴を言って、ストレスを発散しようとすることは、時短の妨げになってしまいます。

自分自身のことを客観的に見ることができず、ますますタスク管理ができない状況をもたらします。

様々なタスクを終わらせるためには、立てた計画にきちんと基づいてタスクを進めていくことが、いいように見えるかもしれません。

しかし、自分の力ではどうにもできないトラブルなどが起こったらどうでしょう。計画通りに進めることができず、結果的には時間やエネルギーの無駄となります。

ここで注意すべきは、コントロールとはどのようなもので、どのようにすべきかという点です。

一流の社員は、コントロールできる範囲とできない範囲をはっきりと理解し、その上でどのようにタスク管理を行うべきかを熟考します。

例えば営業職であったら、自社製品のよさを顧客にどのようにうまく紹介できるかはコントロールできます。しかし、製品の価格や納期はコントロールできないことがよくあります。

自分がコントロールできる範囲を明確に理解し、その範囲内で最大限の準備をするのが

一流です。

また、自分が直接コントロールできないことが発生しても、それが自分のタスクにどのような影響を及ぼすかを見極め、その影響を最小限にする戦略を考えます。

このように、一流の社員は、コントロールできる範囲とできない範囲を明確に理解し、その上で最善の行動を選択します。

自分が何に影響を与えることができ、何に影響を与えることができないのかを見極めることで、結果を生み出すことができるのです。

そもそもタスク管理の目的は、あなたが達成したい目標を効果的に達成することです。

そのためには、自分自身の行動や思考を理解し、それを適切にコントロールする能力が求められます。そして、それは自己認識から始まるのです。

Quickening Strategy

一流は、コントロールできない領域を把握する

コントロールできない領域は捨てて、
自分でできることに注力する

やる気が出ない

三流は、まわりのせいにして、
二流は、自分を無理に追い込み、
一流は、何をする？

あなたは、やる気が出ないとき何をしますか？

「上司に設定された目標数値が高すぎる」「やりたくない仕事を任された」などの理由で、やる気が上がらないこともあるでしょう。たしかに、そうしたまわりの環境に影響されることはあるでしょう。

しかし、その環境を「言い訳」に変えてしまうのは残念ながら三流です。これでは、自身の成長のチャンスを逃してしまいます。

やる気が出なくても仕事に取り組むために、無理に自分自身を追い込もうとするのもおすすめできません。

例えば、このような経験をしたことはありませんか？
締め切りに追われ、無理な長時間労働をして完璧に仕上げようとしてしまう。失敗を許容できず、そのために過度なプレッシャーを自分自身にかけてしまう。
この完璧主義が、創造性や柔軟性、さらには健康にまで悪影響を与えてしまうのです。

では一流は何をするのかというと、やる気を育て上げます。

彼らは、やる気を環境や他人に依存するものとは見ません。
やる気が内発的なものであり、自分自身でそれをコントロールできると信じています。
やる気は自分自身で感じるものだと理解しているのです。

例えば、**週に15分程度振り返りの時間をとって、どういうときにやる気スイッチがオンになるのかを知ろうとします。**

それによって、デスクの上が片付いていた方が仕事の取り掛かりが早くなることや、指示されたタスクより自分で選択したタスクはやる気が出やすいなど、特定の条件になるとやる気になることに気づくのです。

この気づきがあれば、その条件を揃える準備をすることができます。

また、やる気が落ちたシーンも振り返ります。

例えば、ランチで大盛りラーメンを食べた後に急激に眠くなったことを思い出します。それを理解していれば、ランチ後にカフェインを摂って午後に備えたり、午後一番に重大な仕事を入れないなどの準備ができます。

各企業で突出した成果を出し続ける9127人にヒアリングしたところ、6割以上の人が週に1回もしくは2週に1回は内省して、自分のやる気が出るメカニズムを見つけ出していました。

やる気がなくても行動を開始する仕組みを作り、悪影響が出ないように準備する。

そんな人が、限られた時間の中で安定して成果を出し続けることができる一流なのです。

Quickening Strategy

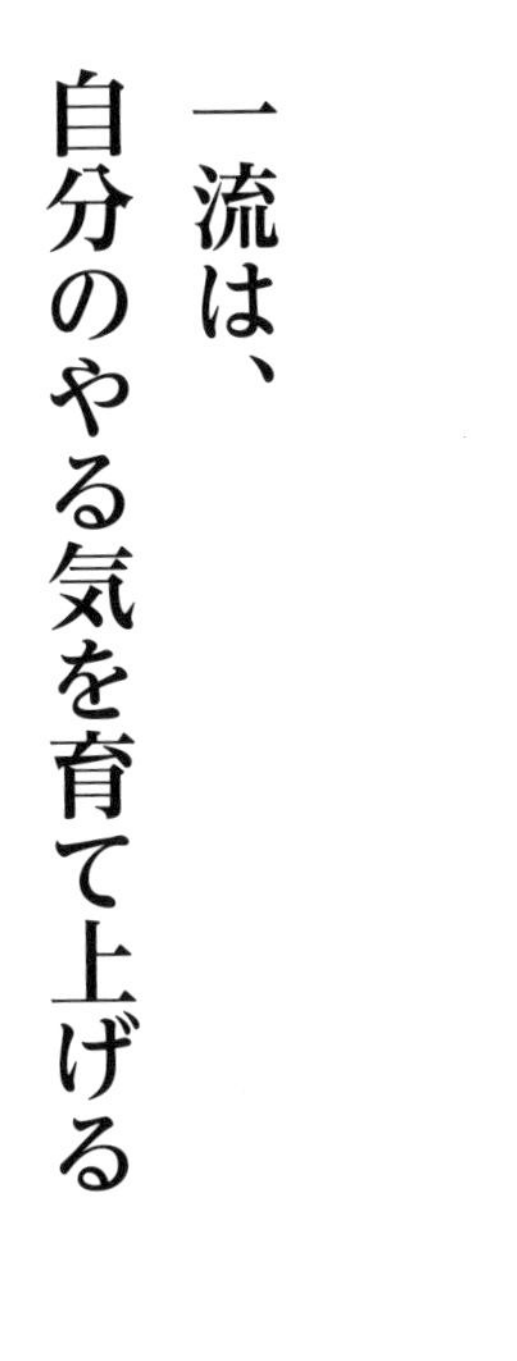

 やる気が出る仕組みに自分で気づき、
自分で準備する

不安で手につかない

三流は、現実逃避をして、二流は、不安をなくすために動き、一流は、どうする？

初めての仕事や、厳しいフィードバックを受けた後など、不安で仕事に手をつけられないときはありませんか？

不安に襲われたとき、目の前の仕事から逃げるのは危険です。

ＳＮＳをチェックしたり、意味もなくウェブサイトを巡回したり、緊急度の低いタスクに何となく取り組んだり……。これらの行動を取ると、重要な仕事が放置されるだけでなく、不安はさらに増大します。

不安をなくすために何をしたらいいか考え、何らかの形で不安を管理しようとする人もいます。

例えば、タスクリストを作成したり、優先順位を設定したりして、具体的な行動に移します。

このアプローチはたしかに一定の効果を生みますが、「不安」な感情そのものに対処するわけではないため、根本的な解決には至りません。不安を感じながら仕事が手につかない状況が、断続的にやってきます。

一流は、不安をエネルギーに変えます。

彼らは、不安をエネルギーに変える方法を知っています。不安を感じること自体が、重要なタスクに向けて準備をしているサインであるととらえているのです。

また、これまでやったことのないタスク、経験したことがない新たなチャレンジは、不安に感じて当然と考えています。

例えば、社内でパワハラ撲滅プロジェクトのメンバーに思いがけず抜擢されたとします。管理職ではない自分がなぜ抜擢されたのか疑問に感じ、本業のタスクをこなす時間が奪われてしまうのではないかと不安に思う人もいるでしょう。

一流は「未来に重要となること」にエネルギーを傾けますので、こうした新たな挑戦を成長の機会ととらえる傾向にあります。

この場合だったら、「将来なりたい管理職のポジションを獲得する前に、パワハラの対処策を知るチャンスを与えられた」などとポジティブにとらえます。先にトラブルの対処策を知っていれば、実際にトラブルに遭遇したときに素早く確実に対処ができるわけです。

むしろ「不安がない状態」があってはならないと感じています。

不安がないのは、挑戦していない証拠、つまり成長できていない状態だととらえるのです。そして、不安があるからこそ、しっかり準備しようと考え、成功確率を上げていたのです。

不安というマイナスの感情ですら、成長の機会だとポジティブにとらえ、準備にエネルギーを傾けることで、一流に近づくことができます。

Quickening Strategy

一流は、不安があるからこそ、しっかり準備する

不安がある状態を肯定し、
新たな挑戦を続ける心構えを持つ

問題のとらえ方

三流は、「What（起きていること）」だけに注目し、二流は、「How（解決方法）」を探し、一流は、どうとらえる？

ビジネスにおいて想定外の問題が発生したとき、頑張って対応しているのに、なかなか問題を解決できず時間をかけてしまう人がいます。

一方で、問題の本質を見抜いて早く解決するだけでなく、同じ問題を起こさない仕組み作りもしてしまう人がいます。

こうした違いが生まれるのは、問題のとらえ方の違いにあることが1．2万人の行動実験で明らかになりました。問題のとらえ方によって、解決方法や対処策が異なるのです。※

努力しているのに成果を出せない人は、表面的な問題にのみ焦点を当ててしまうことが多いです。その結果として、対応に長い時間をかけてしまいます。

例えば、会議が長引いていると感じると、単に会議の時間を短くしようとします。「話

※クロスリバー社調査。2019年11月～2022年3月にのべ12,056名が参加した問題解決ワークショップの結果による

を早く進める」「資料を減らす」など、短期的な方法で解決しようとするのです。

しかしこれは、その場しのぎの解決にすぎません。例えば、会議の時間が短くなっても、会議後に個々で確認作業が増えたら、結局全体としての効率は向上していません。

このように現在起きている事象、つまり「What」だけにフォーカスしてしまうと、一時的には解決はできたとしても、その場しのぎとなってしまいます。


解決のレベルをもう一段階アップさせるには、具体的な解決策、つまり「How」を探し、それが実行可能か検証する必要があります。

例えば、会議が長くなる原因として「アジェンダが不明確」といった具体的な問題を見つけ出し、「アジェンダを明確にして事前配布する」「参加者を限定する」などの方策を打ち出します。

しかし、このレベルでもまだ根本的な解決には至っていません。

時間を効率的に使うための手段は見つかっても、なぜその問題が最初から存在していたのかという点はクリアになっていません。そのため、また同じ問題が発生してしまいます。

一流は、「なぜ問題が起きたのか」を検証して、根本原因を探します。

つまり、「Why」から問題を考えるのです。 なぜその問題が発生しているのか、その背後に何があるのかを理解しようとします。

トヨタの「5回のなぜ」アプローチも、この一流の時短術に分類されます。

これは、問題が起きた際に、その原因を5回繰り返し問いただすことで、真の原因にたどり着く方法です。このアプローチを用いることで、トヨタは多くの製造上の問題を解決してきました。

このような根本原因へのアプローチは、単に時間を節約するだけでなく、組織全体が取り組む問題解決のアプローチを標準化させます。こうした解決策が浸透すれば、メンバーが自分の仕事に集中できる時間が増え、組織の方向性が明確になります。

そして最も大きなベネフィットは、社員一人ひとりが自主的に課題を設定し、それを解決していこうとするマインドを作ることができることです。

あなたからまず実践して、一流の思考法をまわりにも広めてみませんか?

Quickening Strategy

一流は、「Why（なぜ）」から問題の発生原因を見つけ出す

表面ではなく根源を見つける思考で、解決策の効果を継続させる

おわりに

時短を目指すのをやめませんか？

そもそも時短は手段です。
手段を目的化してしまうとうまくいきません。

「働き方改革」の結果、残業を削減することが目的となり、カフェや自宅での〝隠れ残業〟がはびこっているのが実情です。
時間外労働を抑制して労基法を遵守するのは正当なことですが、働く時間を短くすることを目的にしてしまうと、業績や社員のモチベーションは下がってしまいます。

私は、「働き方改革で目指すべきは会社と社員の成長である」という思いから、マイクロソフトの役員を自らの意思で辞し、〝正しい働き方改革〟の実践を支援する会社を起業しました。

すると、支援した企業の中には、限られた時間で突出して成果を出し続ける社員が一定数いたのです。

この人たちが「時短の一流」です。

時短しているのに、他の人より成果を上げていました。コロナ禍の前でも後でも成果を出し続けていました。

こうして時間効率と仕事成果を共に上げているのが、「一流」だったのです。

私は「一流」からほど遠い経歴です。

大学受験に3度失敗し、滑り止めで受かった大学を卒業して通信会社に入社しました。学歴で勝てないと思った私は、体力と努力で徹夜を重ねて上司からの評価を得ようとしてしまい、うつ病を患いました。その後、運よく入社したマイクロソフトでも睡眠時間を削って働き、再びうつ病に。

しかし、この経験は失敗だとは思っていません。

そのときの「学び」があったからこそ、全員が週休3日・週30時間以内労働の会社を作り、ビジネスを毎年成長させることができました。

IQの低い私ですら、一流の時短を真似して成果を残すことができたのですから、あなたならもっとできるはずです。本書の時短術を少しずつ試していけば大丈夫です。

一日2分だけでも試して、効果を実感したら継続して、効果がなければ元に戻してみてください。

こうした小さな行動実験を積み重ねていけば、あなたも「時短の一流」になることができます。

最後まで読み切ったあなた、大丈夫ですよ。

あとは、行動に移すのみです。

越川慎司

一流の時短「動画講座」を提供中！

大阪ガス運営のオンラインレッスンサイト『さがする』で Excel や Word、Windows などの時短講座を有償で複数提供しています。初心者にも分かるように資料と操作画面を表示しながら解説しています。

以下の URL か QR コードよりご覧ください。

https://www.sagasuru.jp/teacher-profile/shinjiko9

法人向け「研修・講演」を提供中！

著者が年間 200 件以上の「時短術」や「タイムマネジメント」などのオンライン研修・講演を提供しています。一流の時短を組織内で浸透させる方法などを Zoom 等のオンラインツールを通じて 1200 社以上に提供しています。

以下の URL か QR コードより受け付けています。

https://cross-river.co.jp/training/

※これらのサービスは、予告なく終了することがあります

カバーデザイン　小口翔平＋青山風音（tobufune）
カバーイラスト　山崎真理子
組版　野中賢／安田浩也（システムタンク）
校正　共同制作社

著者
越川慎司（こしかわ・しんじ）
株式会社クロスリバー　代表取締役

国内外通信会社に勤務、IT ベンチャーの起業を経て、2005 年にマイクロソフト米国本社に入社。のちに業務執行役員として PowerPoint や Excel などの事業責任者。2017 年に株式会社クロスリバーを設立。世界各地に分散したメンバーが週休 3 日・リモートワーク・複業（専業禁止）をしながら 800 社以上の働き方改革を伴走支援。
フジテレビ「ホンマでっか !?TV」などメディア出演多数。著書 28 冊。『AI 分析でわかった トップ 5% 社員の習慣』（ディスカヴァー・トゥエンティワン）など世界各地でベストセラーに。オンライン講演および講座は年間 200 件以上。

株式会社クロスリバー
https://cross-river.co.jp/

Voicy で仕事術に関する放送をしています。
QR コードから是非お聴きください。

時短の一流、二流、三流

2024 年　1 月 22 日　初版発行

著者　越川慎司
発行者　石野栄一
発行　明日香出版社
〒 112-0005 東京都文京区水道 2-11-5
電話 03-5395-7650
https://www.asuka-g.co.jp
印刷・製本　シナノ印刷株式会社

ISBN 978-4-7569 -2307-3

本書もオススメです

無駄ゼロ、
生産性を３倍にする
最速で仕事が
終わる人の
時短のワザ

伊庭正康・著

1500円（＋税）
2022年発行
ISBN 978-4-7569-2201-4

仕事にかかる時間も、
スピードも、ちょっとのコツで劇的に変わる！

仕事の時短化が求められる一方で、仕事量は変わらずむしろ増えているのが現状です。本書では、「スケジュールの立て方」「集中力の上げ方」「コミュニケーションの取り方」など、限られた時間でも結果を出せる時短のワザを一挙公開します。

本書もオススメです

時間を「うまく使う人」と「追われる人」の習慣

滝井いづみ・著

1600円（＋税）
2022年発行
ISBN 978-4-7569-2243-4

「時間に追われる日々」を「充実した毎日」に変える50のコツ

「いつも仕事に追われている」「本当にやりたいことのための時間がない」と悩んでいる人に向けて、充実した毎日を送るための時間の使い方を伝えます。考え方・環境・スケジュール・効率化・メンタルといった様々な視点から解説し、仕事にもプライベートにも役立ちます。

本書もオススメです

やる気ゼロから フローに入る 超・集中ハック

伊庭正康・著

1600円（＋税）
2023年発行
ISBN 978-4-7569-2275-5

瞬間没頭で、ダラダラしない！

現代は、とにかく集中しづらい時代です。あらゆる媒体から流れてくる情報に振り回されずに、日々増えていく仕事を効率よくこなすことが求められています。本書は、そんな状況で集中力が続かず悩んでいる人に向けて、すぐにできる集中力を上げるコツを、１冊にまとめました。

本書もオススメです

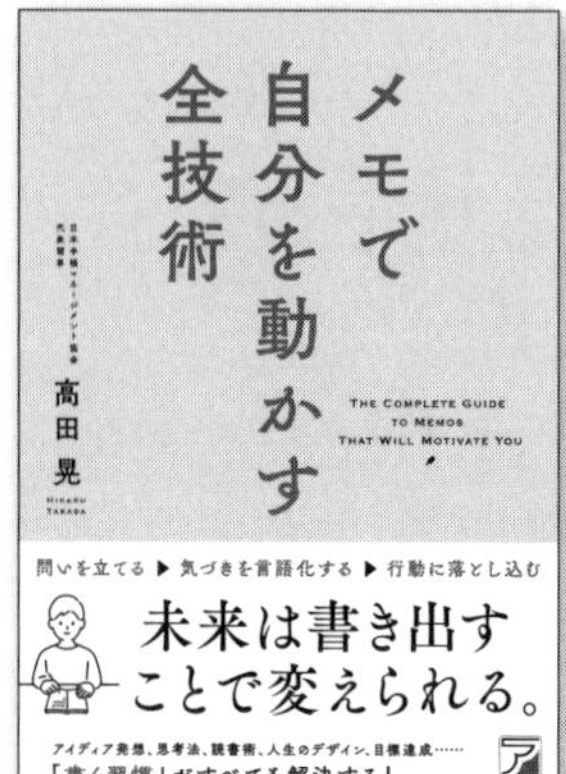

メモで自分を動かす全技術

高田晃・著

1600円（＋税）
2023年発行
ISBN 978-4-7569-2285-4

書く行為は、今日1日を変える最短ルートだ

今日１日をいかに送るかは、何を考え、何をメモしているかによって決まります。人生はメモの集積と言えるのです。本書では、自分と向き合い、自分を変えていくための、自己変革ツールとしての「メモ術」に注目し、そのノウハウを紹介します。